세상에서 가장 쉬운 디자인

돈 버는 SNS
콘텐츠 만들기
with 미리캔버스

박정 지음

아티오
ArtStudio

박정

IT 교육을 어떻게 하면 즐겁게 할 수 있을지 늘 연구 중인 디지털 교육 전문가이다. 초등학교에서 13년간 컴퓨터 소프트웨어를 가르치고 있으며, 그가 가지고 있는 21개의 컴퓨터 관련 자격증은 저자가 얼마나 노력하는 사람인지를 보여준다. 중구, 용산구, 학교 밖 청소년센터, 서울 시민대학 등의 공공기관과 시민단체에서 SNS 콘텐츠 만들기와 PPT 강의를 하고 있다. 현재 블로그와 유튜브에서 스마일정 쌤으로 활동하고 있으며 작년에 오픈한 '바로 배워 바로 쓰는 PPT(바피)'는 현재 13기까지 강의가 이어질 정도로 많은 사람들에게 사랑을 받고 있다.

블로그 〈스마일정쌤의 바로 IT〉 운영
유튜브 채널 〈스마일정쌤〉 운영
(현) 초등학교 컴퓨터강사
(현) 단희TV 인클 미리캔버스 강사
(현) 한국생산성본부 디지털전환교육강사
(현) 은평구 디지털활동가
(현) 국가공인 ITQ 시험감독
(현) 교원연수 PPT 강사

저자와 소통할 수 있는 채널
- 블로그 : https://blog.naver.com/bian81
- 인스타그램 : https://www.instagram.com/smilejeongssam
- 유튜브 : https://www.youtube.com/스마일정쌤

세상에서 가장 쉬운 디자인

돈 버는 SNS 콘텐츠 만들기 with 미리캔버스

2021년 7월 20일 1판 발행
2022년 9월 5일 2판 인쇄
2022년 9월 10일 2판 발행

펴낸이	김정철
펴낸곳	아티오
지은이	박정
마케팅	강원경
표 지	김지영
편 집	이효정
전 화	031-983-4092~3
팩 스	031-696-5780
등 록	2013년 2월 22일
정 가	16,000원
주 소	경기도 고양시 일산동구 호수로 336 (브라운스톤, 백석동)
홈페이지	http://www.atio.co.kr

* 아티오는 Art Studio의 줄임말로 혼을 깃들인 예술적인 감각으로 도서를 만들어 독자에게 최상의 지식을 전달해 드리고자 하는 마음을 담고 있습니다.

머리말

"똥손도 금손이 될 수 있습니다!"

강의를 하다 보면 디자인의 중요성은 알지만 막상 자신이 만들려고 하면 어떻게, 어디서부터 만들어야 할지 난감해하는 분들이 많습니다. 게다가 디자인을 배우고 익숙해지는 데에는 많은 시간이 필요한데 혼자 모든 일을 해야 하는 분들에게는 더욱더 많은 어려움이 따릅니다.

어떻게 이분들을 도와드릴 수 있을지 고민하던 중에 미리캔버스를 알게 되었습니다. 미리캔버스 사용법을 알려드리자 많은 분들이 큰 도움이 된다며 좋아했습니다. 미리캔버스를 통해 디자인이 업그레이드가 되면서 사업을 하는 분들은 당장 수입이 올라가고 강사들은 더 흡입력 있는 강의를 하게 되었습니다. 블로그, 유튜브를 운영하는 분들은 말할 것도 없고 회사 업무에서도 미리캔버스를 사용하니 크게 시간이 절약된다는 피드백을 받았습니다.

미리캔버스는 디자인을 잘 모르는 사람들이 디자인을 잘 할 수 있도록 도와주는 마법의 툴이라는 생각이 듭니다. 미리캔버스를 잘 활용하면 똥손도 금손이 될 수 있습니다. 이 책을 차근차근 따라 하면 기본적인 기능 외에도 책을 통해 바로 배워 바로 쓸 수 있는 SNS 콘텐츠를 스스로 만들 수 있습니다.

SNS는 이제 단순한 기록만 하는 것이 아니라 나의 전문적인 영역이나 상품을 알리고 잠재 고객들과 소통을 할 수 있는 플랫폼입니다.

돈 버는 SNS가 되려면 꾸준함은 필수입니다. 콘텐츠를 만드는 것에 에너지가 너무 많이 든다면 어느 순간 멈출 수밖에 없습니다. 미리캔버스는 디자인에 쏟는 에너지를 줄여주고 효율성을 높여줄 것입니다. 이 책은 미리캔버스를 좀 더 잘 활용할 수 있도록 실질적인 예를 많이 담았기 때문에 큰 도움이 될 것이라고 확신합니다.

마지막으로 책을 쓸 수 있도록 응원해주신 소중한 온라인 인연들, 바피 가족, 늘 묵묵히 응원해준 남편과 사랑하는 삼남매 서현, 서찬, 서진이에게 감사의 마음을 전합니다.

박정

이 책의 특징

> 미리캔버스 사용법 및 SNS와 PPT 만드는 법을
> 저자가 운영하는 유튜브 채널에서 배울 수 있습니다.

유튜브 QR코드로 바로보기

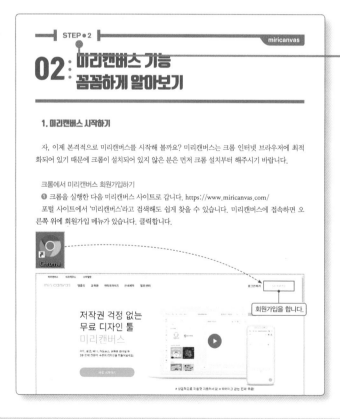

STEP

총 4개의 Step으로 나누어 책에 나오는 대로 따라하기만 하면 기본적인 내용을 습득할 수 있도록 구성하였습니다.

STEP ● 2

miricanvas

02 : 미리캔버스 기능 꼼꼼하게 알아보기

1. 미리캔버스 시작하기

자, 이제 본격적으로 미리캔버스를 시작해 볼까요? 미리캔버스는 크롬 인터넷 브라우저에 최적화되어 있기 때문에 크롬이 설치되어 있지 않은 분은 먼저 크롬 설치부터 해주시기 바랍니다.

크롬에서 미리캔버스 회원가입하기
❶ 크롬을 실행한 다음 미리캔버스 사이트로 갑니다. https://www.miricanvas.com/
포털 사이트에서 '미리캔버스'라고 검색해도 쉽게 찾을 수 있습니다. 미리캔버스에 접속하면 오른쪽 위에 회원가입 메뉴가 있습니다. 클릭합니다.

회원가입을 합니다.

저작권 걱정 없는
무료 디자인 툴
미리캔버스

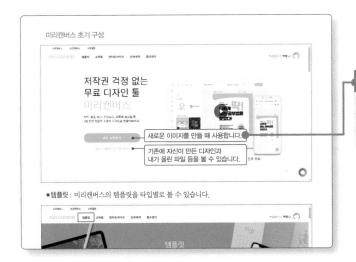

TIP

화면 내용을 좀 더 쉽게 배울 수 있도록 주석을 달아 놓았습니다.

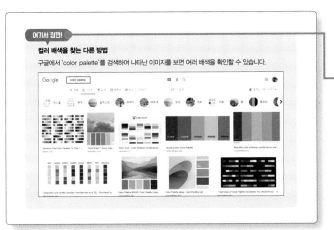

여기서 잠깐!

교재 설명 과정 중에 놓치기 쉽거나, 누구나 알거라 생각하지만, 알지 못하는 부분을 한번 더 짚어주었습니다.

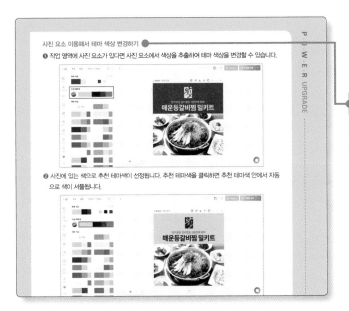

POWER UPGRADE

하나 더 알아두면 좋은 기능 및 고급 기능을 담았습니다.

차 례

STEP
01

지금은
SNS 콘텐츠 시대

01 : 지금은 SNS 콘텐츠 시대

1. 황금알을 낳는 거위 SNS 콘텐츠

SNS 콘텐츠로 돈을 번 사람들

A씨는 펜션을 운영하고 있다. 주로 인터넷을 통한 검색으로 예약, 운영되기 때문에 창업을 하면서 수백만 원을 들여서 홈페이지를 만들었다. 온라인 마케팅을 잘해야 한다는 이야기를 듣고 홍보를 위한 광고를 하고 있으나 비용이 부담스럽다. 혼자서 포토샵으로 광고 이미지를 만들었더니 시간도 많이 들고 결과물도 마음에 들지 않는다. 또 정기적으로 홈페이지를 유지 관리하는 전문 인력을 두기 어렵다 보니 점점 예약률이 떨어지고 있다.

B씨도 비슷한 규모의 펜션을 운영하고 있다. 펜션의 시설이나 주변 관광지, 펜션의 아침 풍경 등을 인스타그램에 카드뉴스 형식으로 매일 올리고 있다. 요즘 사람들은 SNS로 여행지를 검색하고 예약하는 것에 익숙하다. B씨의 센스 있는 여행 관련 카드뉴스 때문에 펜션을 주로 이용하는 주 고객층인 20~40대들의 팔로워가 늘어나서 별다른 유료 광고를 하지 않는데도 늘 예약이 빠르게 마감되는 추천 펜션으로 유명해졌다.

A씨와 B씨는 운영 규모나 조건은 비슷하지만 사업의 성과가 판이하게 다릅니다. B씨가 남다른 결과를 낼 수 있었던 것은 SNS 이미지 콘텐츠를 잘 사용했기 때문입니다. SNS 이미지 콘텐츠라고 하니 어렵게 느껴질 수도 있지만 펜션 주변 예쁜 장소의 사진에 '펜션 이벤트' 같은 글자를 세련되게 배치한 이미지, '제주 관광지 베스트3' 같은 카드뉴스 같은 것을 잘 활용한 것입니다.

[예시 이미지]

B씨는 전문디자이너를 고용하지도 않았고 특별한 기술을 배운 적도 없습니다. 무료 디자인 툴인 미리캔버스를 단 2시간 배워서 사업에 200% 활용하고 있을 뿐입니다.

필자 주변에는 미리캔버스를 알게 된 후 이미지 콘텐츠를 만드는 시간과 비용을 크게 절약하게 되었다는 사람이 많습니다. 미리캔버스가 없으면 일을 하기 어렵다는 말까지 듣고 있습니다. 그중 세 분을 소개하겠습니다.

키움맘님은 비대면 스튜디오를 운영 중입니다. 스튜디오 운영에 필요한 안내문, 오프라인 배너도 미리캔버스를 통해 직접 만들었습니다. 그녀는 두 아이를 키우면서 스튜디오 전용 블로그와 인스타그램 계정을 운영하고 자신의 일상과 스튜디오 관련 이미지를 자주 공유하고 있습니다. 키움맘님이 올리는 이미지는 세련되고 전문적이라는 이야기를 많이 듣습니다. 그녀가 운영하는 달달스튜디오는 점점 입소문이 나서 최근에는 연예인들이 방문하기 시작했습니다.

[키움맘님이 최근 미리캔버스로 만든 스튜디오 이벤트 이미지]

올리비아쌤은 영어 공부방을 운영 중입니다. 그녀는 인스타그램과 블로그를 통해 교육에 대한 정보를 공유하고 있습니다. 영어 공부방을 운영하며 필요한 이름표, 시간표, 공지사항, 교육과정 이미지를 모두 스스로 빠르고 세련되게 작업하고 있습니다. 또한 학생들 각각의 학습 상황을 상세페이지로 만들어 부모님에게 보내고 있기 때문에 신뢰감도 점점 높아지고 있습니다. 그녀의 영어 공부방은 동기부여가 잘 되고 소통이 잘 되는 공부방으로 소문이 나서 승승장구 중입니다.

[올리비아쌤이 공부방을 운영하며 미리캔버스로 만든 이미지]

매력작가현님은 평범한 주부였습니다. 배우고자 하는 열정이 남달랐던 그녀는 SNS 콘텐츠에 대한 공부를 하면서 수익을 얻을 수 있다는 확신을 얻었습니다. 그녀는 꾸준히 SNS를 하면서 다른 강사들의 온라인 강의를 도운 경험을 통해 '하루 만에 ZOOM으로 프로 강사 되기'라는 책을 내게 되었습니다. 평범한 주부였던 그녀는 책 출간이후 공공기관에서 강의를 할 뿐 아니라 여러 루트에서 수익을 얻고 있습니다. 또 새로운 분야에도 계속 도전하고 있습니다.

[매력작가현님의 책과 온라인 활동]

 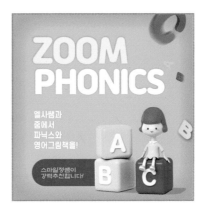

저는 사업을 하는 사람들, 스마트스토어를 운영하는 분들과 가르치는 일을 하는 사람들, 부업을 원하는 주부들에게 특히 미리캔버스 디자인 툴을 적극적으로 추천하고 싶습니다. 미리캔버스와 같은 무료 디자인 툴을 알지 못해서 아직도 시간과 비용을 필요한 것보다 더 많이 들이는 사람들이 있기 때문입니다.

자신의 콘텐츠, 상품, 일상이 수익과 연결이 된다는 사실 알고 있나요? 온라인은 수많은 정보가 쏟아집니다. 온라인으로 정보를 접하는 소비자들은 어느새 점점 더 세련되고 전문적인 이미지에 익숙해져 있습니다. 비슷한 상품, 서비스라면 감성을 건드리거나 좋은 느낌을 주는 것을 선택합니다. 미리캔버스를 통해 전문가의 디자인 감각을 익히고 나아가 자신만의 디자인을 만들어가는 여정을 함께 하고 싶어서 이 책을 집필하게 되었습니다.

가게 사장님인가요?
아이들을 가르치고 있는 일을 하시나요?
잠을 잘 때도 플랫폼을 통해 수익이 생기는 일을 꿈꾸나요?
여러분이 어떤 일을 하든 끌리는 이미지를 빠르게 만드는 능력은 당신에게 생각 이상의 훨씬 큰 수익을 가져옵니다.

아직도 미리캔버스를 몰라 포토샵으로 오랜 시간을 들여 이미지를 만드는 사람, 사업을 하며 많은 홍보비용을 부담스럽게 내고 있는 사장님에게 미리캔버스라는 마법의 무료 디자인 툴은 큰 힘이 될 것입니다.

돈을 부르는 눈에 띄는 이미지

SNS를 하는 것이 부업이 될 수 있냐고요? 그렇습니다. 이제는 블로그, 인스타, 유튜브가 단순히 자신의 일상을 기록하는 것을 넘어 수입을 창출하는 수단이 되고 있습니다. 처음에는 일상을 기록하는 일기 같은 SNS에서 점점 자신을 브랜딩한 후 수익화된 사례는 수도 없이 많습니다.

가게를 오픈할 때 가게의 위치가 가장 중요한 것을 알고 있을 것입니다. 유동인구가 많은 위치는 그만큼 가격도 비쌉니다. 자신이 파는 상품이 더 많은 사람들의 눈에 띄기 좋기 때문입니다. 마찬가지로 온라인에서 눈에 띄는 이미지는 더 좋은 위치에 가게를 오픈하는 것과 같은 효과입니다. 따라서 온라인에서 눈에 띄는 이미지를 만든다는 것은 적게는 몇십만 원에서 많게는 몇천만 원의 가치가 있는 작업입니다.

사실 유재석이나 방탄소년단 같이 이름만 대도 우리가 아는 사람들은 SNS 이미지를 크게 신경 쓰지 않아도 됩니다. 사진만 올려도 사람들은 관심이 있으니까요. 그러나 1인 기업과 작은 가게 사장님은 매일 쏟아져 나오는 이미지 홍수 속에서 선택받는 이미지에 대해서 공부를 해야 합니다. 예전에는 디자이너에게 모든 것을 맡겼지만 이제는 미리캔버스를 통해 모든 사람들이 쉽고 빠르게 디자인을 할 수 있는 시대입니다. 이제는 모든 사람들에게 디자인 역량이 필요하다고 생각합니다. 내 상품을 팔고 있는 쇼핑몰 운영자신가요? 인스타그램, 블로그, 유튜브를 운영하시나요? 그렇다면 반드시 콘텐츠 디자인 능력을 키워야 합니다.

2. 포토샵 몰라도 금손으로 바뀌는 마법

누구나 디자인 전문가로 만들어주는 미리캔버스

예전에는 디자인을 하기 위해 포토샵을 많이 배웠습니다. 그런데 포토샵은 배우기도 쉽지 않거니와 다 배웠더라도 포토샵을 이용하여 자신이 원하는 디자인을 자유롭게 하는 것은 많은 시간이 걸립니다. 제 수업을 수강하는 분들 중에는 포토샵 강사님도 계셨고 웹 디자이너 등 전문가도 많았지만 미리캔버스를 알려드린 순간 포토샵을 사용하지 않게 된다는 말씀을 많이 하셨습니다.

포토샵 전문가도 미리캔버스의 쉽고 다양한 기능에 반해서 많은 작업을 미리캔버스를 통해 콘텐츠 디자인을 하게 된다는 거지요.

미리캔버스는 다양한 디자인 DB를 보유하여 저작권 걱정없이 활용을 할 수 있는 것이 큰 장점입니다. 또한 쉬운 편집기능으로 익히기도 쉽습니다. PC뿐 아니라 모바일에서도 작업이 가능한 것도 큰 장점입니다. 새로운 템플릿과 디자인 요소가 주기적으로 업데이트 되고 상업적 무료 이미지 사이트인 Pixabay 이미지를 편리하게 사용할 수 있는 메뉴를 제공합니다.

TIP 미리캔버스를 써야 하는 이유

- **편리한 프레젠테이션 기능** : 파워포인트를 띄울 필요 없이, USB로 옮길 필요 없이 미리캔버스에서 만들고 바로 발표할 수 있습니다.
- **저작권 걱정 無** : 미리캔버스 기능을 이용하여 만든 디자인은 상업적으로 사용 가능합니다. 다만 개별 요소들은 저작권이 이미 있는 것들이므로 이 요소를 가지고 상표권 등록이나 이모티콘 등 판매자(혹은 게시자)에게 저작권이 있어야 하는 디자인을 만드는 데는 사용할 수 없습니다.
- **모바일 완벽 대응** : PC, 태블릿, 모바일 등 내가 원하는 기기로 언제 어디서나 디자인을 할 수 있습니다.
- **워터마크 없이 진짜 무료** : 아직도 워터마크 있는 툴을 사용하시나요? 미리캔버스는 워터마크가 없는 진짜 무료입니다.
- **설치가 필요 없는 디자인 툴** : 복잡한 설치가 필요 없습니다. 간편하게 접속해서 이용하면 됩니다.

미리캔버스만 있으면 금손으로 변신

미리캔버스를 이용하면 다양한 작업을 손쉽게 할 수 있습니다.

과제 PPT, 강의교안도 멋지게 짠! ○○○

가게 배너도 이쁘게 ㅇㅇㅇ

전단지 디자인도 손쉽게 ㅇㅇㅇ

3. SNS 콘텐츠별 이미지 크기 자동으로 맞추기

플랫폼별 콘텐츠 특징

SNS의 대표적인 플랫폼인 블로그, 인스타그램, 유튜브 콘텐츠의 특징을 살펴보도록 할게요.

❶ 블로그

블로그 이미지에서 주의할 점은 상호이름이나 전화번호가 들어가면 검색 누락이 될 수 있다는 것입니다. 또 같은 사진이 다른 포스팅에서 쓰이면 유사문서로 처리되어 검색이 되지 않는 글이 될 수 있습니다. 따라서 인터넷에서 다운받는 사진보다는 자신이 직접 찍은 사진, 미리캔버스에서 직접 만든 이미지가 훨씬 좋습니다. 블로그는 검색할 때 내가 쓴 글이 노출되는 것이 가장 중요하기 때문입니다.

❷ 인스타그램

인스타그램은 사진이 가장 중요한 플랫폼이므로 자신의 계정 사진에 통일감을 주면 더 매력적입니다. 프레임을 만들어 그 안에 사진을 넣거나 사진의 색감을 맞춰 넣는 등 통일성 있는 인스타그램 피드는 그 브랜드를 빛나게 해줍니다. 인스타는 광고이지만 광고 같지 않게 올리는 것이 포인트입니다. 또한 스토리를 넣어 전략적으로 기획한 사진이 큰 인기를 끌고 있습니다. 인스타그램은 소통이 가장 중요한 플랫폼이므로 소통할 수 있는 일상과 홍보를 적절히 배합하여 운영하는 것이 좋습니다.

❸ 유튜브

썸네일을 만들 때 해당 분야의 권위를 강조하는 문구를 넣어주는 것이 좋습니다. 예를 들어 필자의 영상에서 가장 조회수가 많이 나오는 영상의 썸네일에는 '15년 경력의 컴퓨터 강사가 왔다'라는 문구가 들어가 있습니다. 이처럼 전문가임을 알려주는 문구가 들어간다면 신뢰도가 높아집니다. 또한 썸네일에 인물사진이 들어가면 사람들의 시선을 더욱 끌 수 있습니다.

콘텐츠 크기 설정 및 꿀팁

블로그, 인스타그램, 유튜브는 각 플랫폼별로 콘텐츠를 올리는 사이즈가 각각 나릅니다. 파워포인트나 포토샵을 이용할 때는 각 플랫폼에 맞게 사이즈를 직접 지정해야 하지만 미리캔버스에서는 쉽게 사이즈를 선택할 수 있도록 메뉴에서 제공하고 있습니다.

‹ ⌂	파일	설정	1080px × 1080px ⌄	↺ ↻	제목을 입력해주세요. ✎

❶ 블로그

배경화면 사이즈 선택에서 오른쪽의 꺽쇠를 클릭하여 나타난 하위 메뉴에서 [네이버 블로그]를 선택하면 다시 하위 메뉴가 나타납니다.

스킨, 배경 사진, 썸네일, 프로필 사진 중 원하는 이미지를 선택하면 자동으로 크기에 맞게 세팅이 됩니다.

❷ 인스타그램

인스타에서 필요한 피드, 스토리, 프로필 등 필요한 이미지를 쉽게 설정할 수 있습니다.

❸ 유튜브

유튜브에서 필요한 썸네일, 채널 아트, 채널 로고까지 쉽게 선택할 수 있습니다.

그 외 페이스북, 틱톡 등의 웹기반 이미지부터 가게에서 쓰이는 배너, 현수막 등 인쇄용 이미지까지 미리캔버스에서는 편리하게 사이즈를 선택해서 사용할 수 있습니다.

배경화면 사이즈 종류들

웹용	웹 배너 ›	카카오친구톡 ›
프레젠테이션	NAVER ›	MMS(포토문자) ›
유튜브 / 팟빵 ›	GDN ›	북커버
상세페이지	DDN ›	디지털 명함 ›
소셜 미디어 정사각형	KAKAO ›	팬시 배너 ›
인스타그램 ›	EDN ›	페이스북 ›
카드뉴스	모비온 ›	트위터 ›
웹 포스터 ›	NHN ›	네이버 블로그 ›
문서 서식 ›	타게팅게이츠 ›	틱톡 ›
이벤트 팝업	크리테오 ›	링크드인 ›
로고/프로필	배경화면 ›	스냅챗 ›

핀터레스트 ›	배너	종이컵 ›
트위치 ›	포스터 ›	아이스컵 ›
프로덕트 헌트 ›	실사출력 (세로형) ›	컵홀더 ›
브이케이 ›	실사출력 (가로형) ›	종이용기 ›
앱스토어 ›	POP ›	택배박스 ›
플레이스토어 ›	와블러 ›	자석오프너 ›
왓츠앱 ›	차량용 자석 시트지 ›	종이 쇼핑백 ›
인쇄용	엽서카드 ›	탁상 달력 ›
명함 ›	전단지 ›	떡메모지 ›
스티커 ›	종이자석 전단지 ›	아크릴 키링 ›
현수막 ›	통자석 전단지 ›	브로셔/카탈로그 ›

아크릴 키링 ›
브로셔/카탈로그 ›
부채
어깨띠
홀더
티켓 ›
리플렛 ›
컬러봉투 ›
LED 라이트패널 ›
입간판 ›
컬러링북

4. 끌리는 SNS 콘텐츠의 조건

눈에 띄는 제목의 특징

SNS 콘텐츠의 목적은 클릭을 위한 것입니다. 따라서 클릭을 부르는 이미지가 되기 위해서는 아래와 같은 조건이 필요합니다.

• 흥미 유발

평소 생활에서 조금만 관심을 기울이면 우리는 좋은 제목을 벤치마킹할 수 있습니다. 예를 들어 인터넷 검색을 할 때 신문기사나 광고, 베스트셀러의 제목 등은 SNS 콘텐츠 제목을 정할 때 큰 힌트가 됩니다. SNS 콘텐츠를 만들 때에 흥미를 유발하는 것은 정말 중요합니다. 예를 들어 '유튜브 채널 수익 얼마인가요?'라는 문구를 봤을 때 많은 사람들은 클릭하고 싶은 욕망을 느낍니다. 돈에 관한 내용은 누구든지 흥미를 유발하는 아이템이기 때문입니다. 또는 새해가 되었을 때 다른 사람은 어떤 계획을 세웠는지 궁금하므로 이와 같은 제목도 좋습니다.

• 숫자 사용

제목에 숫자가 들어가면 시선을 끌게 됩니다. '노트북 추천 3가지'처럼 어떤 주제에 대해 몇 가지로 정리된 콘텐츠는 인기가 있습니다. 또한 강의모집을 할 때 숫자가 들어가면 신뢰감이 더욱 상승합니다.

• 타깃 명시

타깃을 확실하게 명시한 제목은 정말 중요합니다. 어린이 컴퓨터 수업에 관심 있는 사람, 예비학부모 같이 타깃을 명시하면 더 효과적인 제목이 됩니다. 예를 더 들어볼까요? '엄마들의 시간 관리'보다는 '워킹맘의 시간 관리'가 더 끌립니다. '엄마표 영어 하실 분 보세요'보다는 '5~7살 아이 엄마표 영어 시작하실 분만 보세요'라는 제목은 해당 고객에게 훨씬 끌릴 것입니다.

• 이득 명시

SNS 콘텐츠 제목에서 이득을 명시하면 클릭율이 높아집니다. 특히 '무료'라는 키워드를 넣으면 사람들 눈에 띄게 될 것입니다. 할인코드를 알려주는 제목, 선물을 준다는 제목 등 이득이 되는 좋은 정보는 클릭을 부릅니다. 예시된 이미지들은 실제 필자가 블로그에서 사용했던 이미지들입니다. 이와 같은 이득을 명시했을 때 1,000뷰가 넘는 인기 있는 게시물이 되었습니다.

강력 추천! 제목으로 사용하기 좋은 폰트

미리캔버스는 크게 세 종류의 폰트를 제공합니다. 신뢰감을 주고 눈에 잘 띄는 고딕체, 감성적인 느낌을 주는 명조체, 개성이 강한 손글씨 체입니다.

■ 고딕 : 신뢰감을 주고 눈에 잘 띈다.

■ 명조 : 감성적인 제목에 쓴다.

■ 손글씨 : 개성을 드러내고 싶을 때 쓴다.

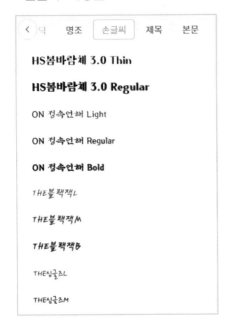

폰트만 잘 써도 디자인이 살아난다는 말을 들어보셨나요? 어떤 폰트를 사용하느냐에 따라 콘텐츠의 느낌은 확 달라집니다. 미리캔버스는 고딕, 명조, 손글씨 외에도 제목과 본문에 어울리는 폰트를 제공하고 있습니다. 그러나 폰트의 종류가 너무 많아 선택하기 어렵다고 하는 분들도 많습니다. 콘텐츠를 만들 때 어떤 폰트를 사용할지 고민되는 분들을 위해 제목에 사용하기 좋은 3가지의 고딕 폰트를 추천해드리겠습니다.

[여기 어때 잘난체]   [검은고딕]   [G마켓 산스 bold]

처음 하시는 분들은 제목으로 이 3가지를 사용하시다가 점점 여러 가지 폰트를 사용해보세요!

자주 사용하는 폰트 즐겨찾기 하기

먼저 제목에 쓰인 텍스트 상자를 클릭한 후 즐겨찾기 하고픈 폰트를 확인합니다. 폰트 이름 오른쪽에 있는 별을 클릭하면 투명했던 별이 노란색이 되면서 즐겨찾기가 됩니다.

텍스트에서 노란색 별을 누르면 즐겨찾기된 폰트가 나옵니다. 이처럼 자신이 자주 쓰는 폰트만 모아 쉽고 빠르게 사용할 수 있습니다.

5. 필요한 이미지를 자유자재로 쓰는 법

저작권 없는 무료 이미지 사이트

■ 픽사베이 https://pixabay.com/ko/

픽사베이는 가장 많은 무료 사진, 일러스트, 벡터 그래픽, 동영상을 가진 사이트입니다. 한국어로 검색이 가능하며 미리캔버스 내에 메뉴가 연결되어 편리하게 이용할 수 있습니다.

■ 언스플래쉬 https://unsplash.com/search/photos/nature

언스플래쉬에는 고해상도 사진이 많습니다. 배경이나 질감을 찾을 때 유용합니다. 한국어 검색보다 영어로 검색했을 때 더 많은 자료를 찾을 수 있습니다.

■ PNGIMG http://pngimg.com/

배경이 없는 png 파일을 제공합니다. 방대한 양의 png 파일이 있어서 사용하기 편리합니다.

■ 픽셀스 https://www.pexels.com/ko-kr/

픽셀스는 크리에이터들이 이미지와 동영상을 공유하는 사이트입니다. 자연을 배경으로 하는 감성 사진부터 마케터들에게 필요한 실용사진까지 다양한 주제의 이미지와 동영상을 찾을 수 있습니다.

■ 픽점보 https://picjumbo.com

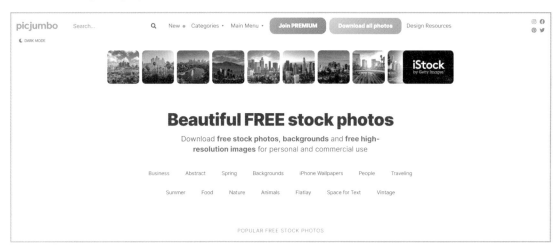

픽점보는 온라인 웹사이트나 PPT 첫 표지에 쓰일 감각적인 사진들이 많습니다. 무료로 사용하는 이미지들과 프리미엄 가입 후 유료로 사용가능한 이미지가 나뉘어져 있습니다.

이미지 배경을 투명하게 만들기

썸네일을 만들 때 사진의 배경을 지우는 작업은 필수로 알아야 합니다. 그 중 가장 간편하게 사용할 수 있는 사이트가 바로 remove.bg입니다.

■ https://www.remove.bg/ko

[이미지 업로드]를 눌러 배경을 지우고 싶은 이미지를 업로드 합니다.

그러면 배경이 제거됩니다. [다운로드]를 클릭해서 배경이 없어진 사진을 이용하면 됩니다. 무료 버전은 해상도가 낮고 유료버전은 해상도가 높습니다. 저는 유튜브 썸네일에 무료버전으로 사용하고 있으며 무료버전으로도 충분합니다.

6. 색만 잘 써도 반은 성공

우리가 잘 아는 브랜드를 떠올려보면 그 브랜드를 대표하는 색이 있음을 알 수 있습니다. 브랜드의 색은 브랜드의 이미지가 고급스러운지 명랑한지 신뢰감 있는지 등의 느낌을 결정합니다. 그래서 유명 브랜드는 로고를 만드는 데 몇 개월이 걸리고 그 디자인 가격 또한 상상을 뛰어 넘습니다. 우리도 콘텐츠를 만들 때 미리 색의 이미지를 고려하여 만든다면 훨씬 도움이 많이 될 것입니다.

강추하는 색 조합 공식

썸네일에서 색의 대비를 통해 디자인을 세련되게 바꿀 수 있습니다.

자신이 만든 썸네일이 뭔가 어색하게 느껴지고 가독성이 떨어진다고 생각되면 색상의 대비를 이용해야 한다는 것을 기억하셔야 합니다. 색상대비의 가장 쉬운 예는 배경색을 진하게 하고 폰트 컬러를 하얀색으로 바꾸는 것입니다.

[변경 전]	[변경 후]

또한 반대로 흰색 바탕에 진한 글씨로 대비를 주고 테두리를 넣어 세련되게 만들 수 있습니다. 썸네일에서 테두리 활용을 하면 심플하면서도 주목도 높은 썸네일을 만들 수 있습니다.

[변경 전]	[변경 후]

대표적으로 눈에 잘 띄는 색인 검정과 노랑도 많이 사용하는 조합입니다.

　보색을 고려한 썸네일은 눈에 잘 띄는 효과가 있습니다. 크리스마스를 대표하는 녹색과 빨강색은 보색으로 함께 이웃하고 있을 때 색이 훨씬 선명하게 보입니다. 보색은 눈에 잘 띄는 대신 자칫 잘못 사용하면 촌스러워질 가능성도 있습니다. 때문에 보색은 썸네일의 포인트를 줄 때 사용하는 것이 좋습니다.

 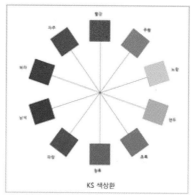

컬러 배색 사이트 활용하기

배색 사이트는 브랜드에 정해진 색이 있을 때, 자신이 만들고자 하는 색이 정해져 있을 때 특히 유용합니다. 정해진 색감에 맞추어 조화로운 색을 선택할 수 있기 때문입니다.

배색 사이트는 여러 가지가 있는데 미리캔버스에서 가장 사용하기 편리한 사이트를 추천 드리겠습니다. 바로 쿨러스입니다. 쿨러스에서 어떻게 배색을 가져오는지 예를 들어보겠습니다.

■ https://coolors.co/

❶ [트렌드 팔레트 살펴보기]로 들어갑니다.

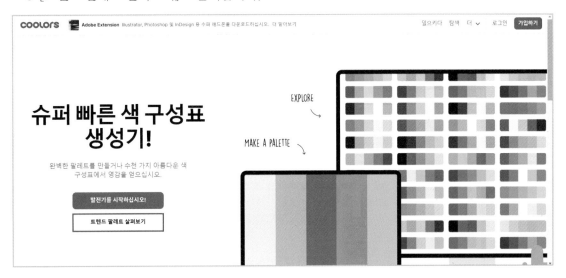

❷ 마음에 드는 배색을 선택합니다.

❸ 원하는 색을 클릭하면 색상표가 복사됩니다.

❹ 미리캔버스에서 배경을 선택한 후 복사한 배색을 적용합니다. 마찬가지 방법으로 글자색도 쿨러스에서 복사합니다.

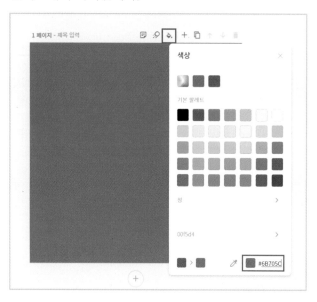

❺ 원하는 색을 클릭하면 hex 컬러값이 복사됩니다.

❻ 글자색을 선택한 후 [스포이드] 도구 옆에 복사한 색상코드를 붙여넣습니다.

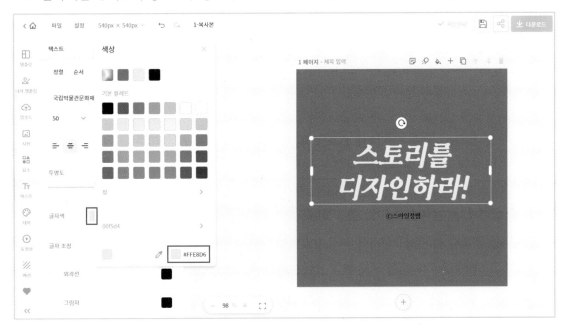

❼ 카피라이터 부분의 텍스트도 변경해보겠습니다. 작업하고 있는 콘텐츠의 색은 표시한 위쪽에 모아져 있습니다. 따라서 '@스마일정쌤' 부분은 쉽게 색을 변경할 수 있습니다.

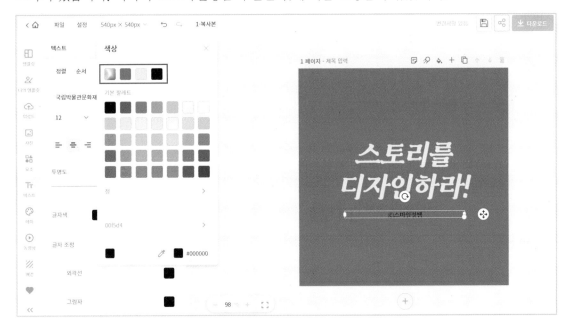

❽ 이와 같이 색 조합 사이트를 이용하면 색과 텍스트만으로도 썸네일을 쉽게 만들 수 있습니다. 디자인에서 텍스트 폰트는 국립박물관문화재단 클래식을 사용했습니다.

이 외에도 추천하는 색 조합 사이트가 있습니다.

■ 컬러헌트 https://colorhunt.co/

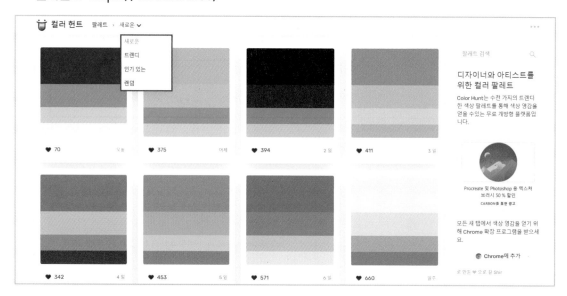

컬러헌트는 새롭게 나온 색의 조합, 트렌디한 조합, 인기있는 조합들을 선택하여 정렬이 가능합니다. 마우스를 원하는 컬러 위에 올려놓으면 hex 컬러값이 나오고 클릭하면 복사가 됩니다.

복사한 hex 값을 미리캔버스에 붙여 넣어 사용합니다.

■ 어도비 컬러 트렌드 https://color.adobe.com/ko/trends

어도비 컬러 트렌드에서 최신 색상의 동향을 살펴볼 수 있습니다. 패션, 그래픽디자인, 일러스트레이션, 건축, 게임디자인, 야생, 풍미, 여행으로 카테고리가 나뉘어 있습니다. 마음에 드는 컬러 조합을 클릭합니다.

hex 컬러값을 알 수 있는 페이지가 나옵니다. hex 컬러값에 마우스를 올려놓으면 자동으로 복사가 생깁니다. 클릭하여 복사한 다음 복사한 hex 컬러값을 미리캔버스에 붙여넣으면 됩니다.

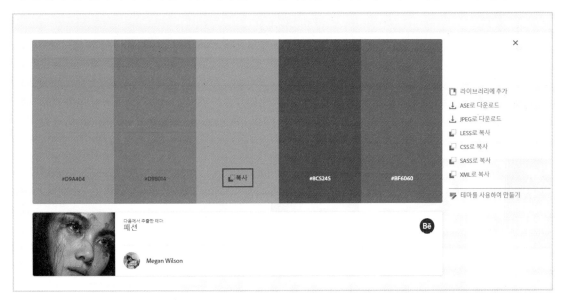

■ 프리티컬러 https://prettycolors.tumblr.com/

프리티컬러는 내 마음대로 색을 골라 쓸 수 있는 사이트입니다. 사이트에 들어가면 마우스 커서가 나오는데 커서가 움직일 때마다 색상이 바뀝니다. 마음에 드는 색이 나왔을 때 클릭합니다.

자신이 선택한 색에 어울리는 색들이 인기 있는 순서대로 나옵니다. 해당 hex 컬러값도 확인하고 복사할 수 있습니다.

여기서 잠깐!

컬러 배색을 찾는 다른 방법

구글에서 'color palette'를 검색하여 나타난 이미지를 보면 여러 배색을 확인할 수 있습니다.

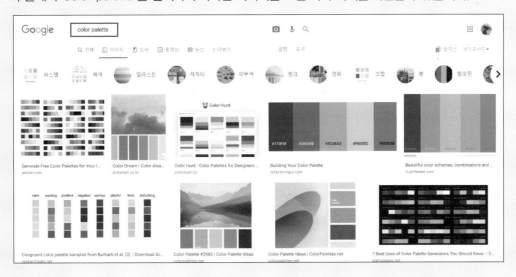

STEP
02

미리캔버스 기능 꼼꼼하게 알아보기

02 : 미리캔버스 기능 꼼꼼하게 알아보기

1. 미리캔버스 시작하기

자, 이제 본격적으로 미리캔버스를 시작해 볼까요? 미리캔버스는 크롬 인터넷 브라우저에 최적화되어 있기 때문에 크롬이 설치되어 있지 않은 분은 먼저 크롬 설치부터 해주시기 바랍니다.

크롬에서 미리캔버스 회원가입하기

❶ 크롬을 실행한 다음 미리캔버스 사이트로 갑니다. https://www.miricanvas.com/

포털 사이트에서 '미리캔버스'라고 검색해도 쉽게 찾을 수 있습니다. 미리캔버스에 접속하면 오른쪽 위에 회원가입 메뉴가 있습니다. 클릭합니다.

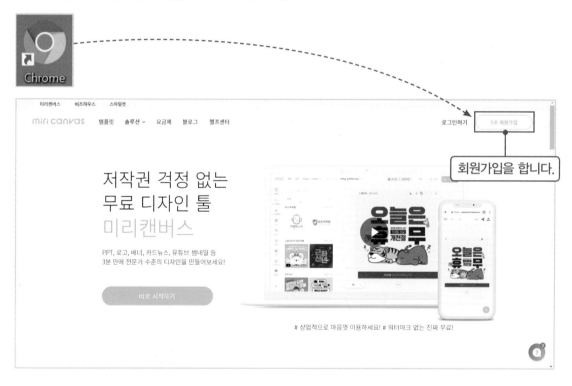

❷ 미리캔버스 회원가입은 네이버나 카카오톡 아이디로 빠르게 할 수 있습니다. 이메일로도 회원가입이 가능하지만 이메일로 인증을 하는 과정이 있으므로 될 수 있으면 네이버나 카카오톡 아이디로 회원가입 하는 것을 권장합니다.

❸ 매번 로그인하지 않도록 [로그인 유지하기]를 클릭하면 편합니다.

여기서 잡깐!

워크스페이스 알아보기

처음 로그인을 하면 워크스페이스로 이동합니다. 워크스페이스란 [내 디자인]과 [내 드라이브]를 관리할 수 있는 곳입니다. [내 디자인]에서는 저장된 디자인을 확인하고 [내 드라이브]에서는 디자인뿐 아니라 업로드한 이미지, 영상도 확인할 수 있습니다.

워크스페이스 이용하기

처음 로그인을 하면 워크스페이스로 이동합니다.

❶ 워크스페이스는 작업공간과 템플릿으로 나누어져 있으며 그동안 자신이 미리캔버스에서 한 작업을 검색하고 관리할 수 있습니다.

❷ 디자인 문서의 소유자, 수정일, 공개 여부까지 자세한 문서 목록을 볼 수 있습니다.

❸ [내 드라이브]-[디자인 요소]에 가면 미리캔버스에서 업로드한 이미지의 목록이 보여집니다.

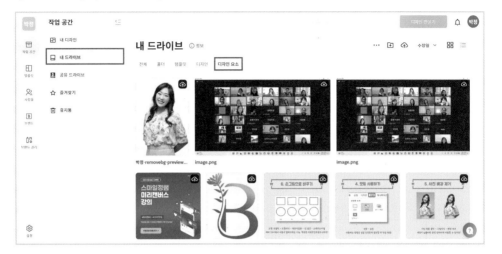

❹ 폴더를 만들어 관리할 수도 있습니다.

❺ 이미지를 선택한 후 폴더로 이동합니다.

❻ 휴지통에는 삭제한 디자인 또는 이미지가 저장되어 있습니다. [복원] 또는 [완전히 삭제]를 할 수 있습니다.

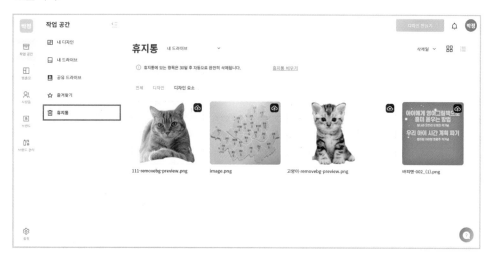

❼ 템플릿을 누르면 미리캔버스에서 제공되는 템플릿들이 타입별로 정리되어 있습니다.

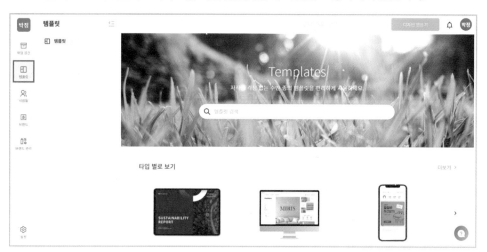

미리캔버스 초기 구성

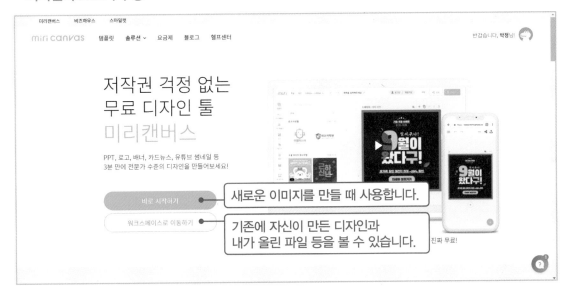

새로운 이미지를 만들 때 사용합니다.

기존에 자신이 만든 디자인과
내가 올린 파일 등을 볼 수 있습니다.

■ **템플릿** : 미리캔버스의 템플릿을 타입별로 볼 수 있습니다.

■ **솔루션** : 엔터프라이즈, 교육용, 인쇄제작, 디자인 아웃소싱

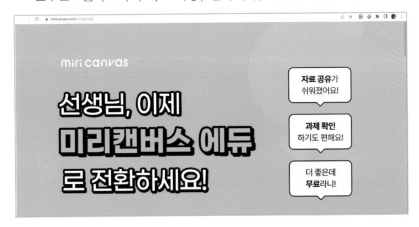

■ **요금제** : 사용 방식에 따라 요금제를 선택합니다.

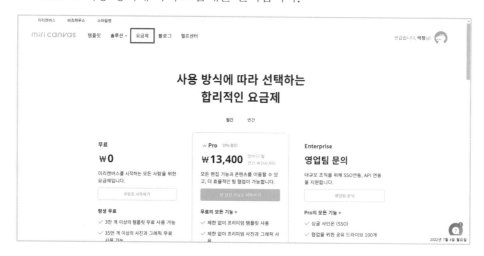

■ **블로그** : 다양한 꿀팁과 정보를 만날 수 있습니다.

■ **헬프센터** : 미리캔버스에 대해 궁금한 점을 검색할 수 있습니다.

2. 미리캔버스 주요 메뉴와 친해지기

미리캔버스 편집 화면

미리캔버스에 로그인을 하면 다음과 같은 홈 화면이 나타납니다.

초기 화면은 여러 메뉴로 구성되어 있으나 우리가 자주 사용하는 것은 [바로 시작하기]와 [워크 스페이스로 이동하기]입니다. [바로 시작하기]는 새 썸네일을 만드는 메뉴이고 [워크스페이스]는 기존에 만든 썸네일을 수정하여 재사용할 때 이용합니다.

미리캔버스의 편집 화면은 위와 같이 구성되어 있습니다.

❶ **파일 메뉴** : 파일, 설정, 사이즈 설정, 되돌리기/다시실행, 제목 입력, 저장, 공유, 다운로드, 인쇄물 제작

❷ **기능 탭** : 검색, 템플릿, 나의 템플릿, 업로드, 사진, 요소, 텍스트, 테마, 동영상, 배경, 즐겨찾기

❸ **슬라이드** : 페이지 메모, 애니메이션 효과, 배경 색상, 새 페이지 추가, 페이지 복제, 페이지 위로 이동, 페이지 아래로 이동, 페이지 삭제

파일 메뉴 알기

파일 메뉴는 미리캔버스에서 꼭 알아야 하는 기능들입니다. 파일 메뉴를 살펴보도록 하겠습니다.

(1) 워크스페이스로 가기

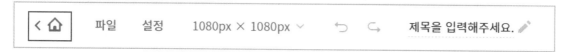

홈 모양 아이콘을 누르면 워크스페이스로 이동합니다. 자신이 그동안 만들었던 디자인이나 올렸던 파일, 지운 파일 등을 확인할 수 있습니다. 또 템플릿을 선택하고 바로 작업을 시작할 수 있습니다.

(2) [파일] 메뉴

새 디자인 만들기 [새 디자인 만들기]는 현재 작업하는 창을
그대로 두고 새로운 창에서 미리캔버스를 작업할 때 사용합
니다.

사본 만들기 현재 작업하는 콘텐츠는 그대로 두고 같은 내
용이 복사되어 새로운 템플릿이 만들어집니다.

작업 내역 　　　 작업 내역을 기록해두고 이전 작업 상태로 돌아갈 수 있는 기능입니다. 버전 목록을 클릭 후 [버전 복원] 버튼을 누르면 해당 시점의 저장 상태로 돌아갑니다. 최신 버전과 비교하기를 활성화시키면 최신 버전과 비교하여 볼 수 있습니다.

(3) [설정] 메뉴

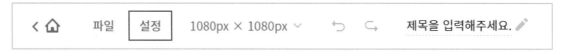

　[설정] 메뉴에는 다크모드, 레이어, 눈금자 보기, 가이드 선, 페이지 번호 등이 있습니다.

작업 내역 [다크모드]를 설정하면 미리캔버스 작업 시 시력을 보호할 수 있습니다.

레이어 디자인 작업 내용을 한눈에 볼 수 있는 메뉴입니다. 레이어 메뉴를 통해 원하는 콘텐츠를 좀 더 앞으로 가져오게 변경할 수 있습니다. 또 마우스만으로 선택할 때 겹쳐져서 원하는 대로 선택이 되지 않던 콘텐츠를 선택하여 삭제나 변경이 가능합니다.

눈금자 [눈금자 보기]를 활성화시키면 슬라이드 위쪽과 왼쪽에 눈금자가 나타납니다. 눈금자를 이용하면 원하는 수치에 맞게 요소를 넣을 수 있습니다.

가이드선 가이드선은 정렬을 정확하게 도와줍니다. 설정을 하려면 가이드선 오른쪽의 꺽쇠를 클릭합니다.

[가이드선 보기]를 활성화한 후 [가로 가이드선 추가]와 [세로 가이드선 추가]를 클릭합니다.

그러면 슬라이드 중앙에 하늘색 가이드 선이 나타납니다. 마우스로 안내선을 조정할 수 있습니다. 조정이 끝나면 가이드 선이 움직이지 않도록 가이드선을 잠금합니다.

(4) 배경화면 사이즈 정하기

디자인 콘텐츠를 만들기 위해 가장 먼저 해야 할 일은 배경화면의 사이즈를 정하는 일입니다. 미리캔버스에서 가장 기본으로 제공하는 사이즈는 1080px×1080px입니다. 원하는 사이즈로 어떻게 변경하는지 알아볼까요?

■ **직접 변경하기** : 배경화면 사이즈를 클릭하여 나타난 하위 메뉴에서 [직접 입력]을 선택합니다.

원하는 크기를 직접 입력합니다. 픽셀(Pixel), mm(밀리미터), cm(센티미터), in(인치) 중에서 원하는 단위로 선택할 수 있습니다.

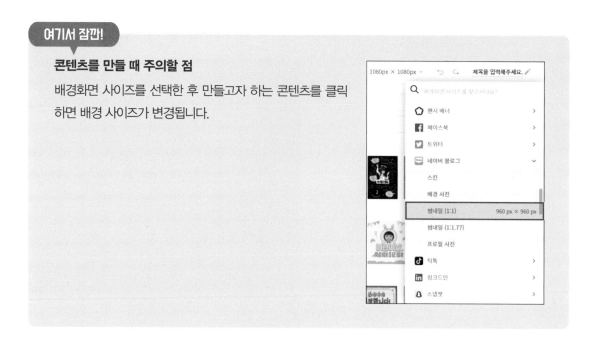

여기서 잠깐!

콘텐츠를 만들 때 주의할 점

배경화면 사이즈를 선택한 후 만들고자 하는 콘텐츠를 클릭하면 배경 사이즈가 변경됩니다.

(5) 되돌리기 / 다시실행 메뉴

[되돌리기]는 방금 한 작업을 취소하여 되돌리는 기능이고, [다시 실행]은 방금 취소했던 작업을 다시 실행하는 기능입니다.

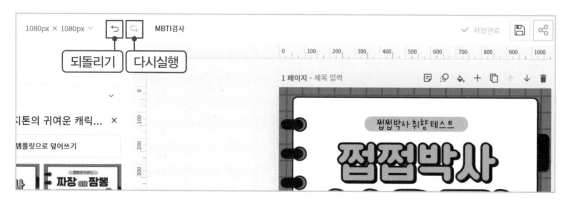

(6) 제목 저장하기

콘텐츠의 제목을 입력하면 콘텐츠를 찾을 때 편리합니다.

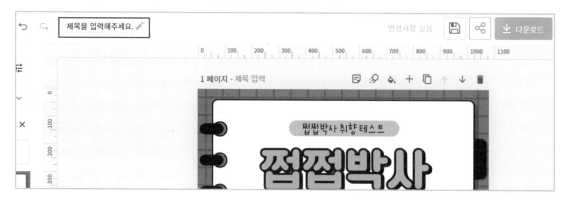

콘텐츠의 제목을 입력하려면 제목을 입력한 후 [저장] 버튼을 누릅니다. 그러면 [저장완료]라는 메시지가 나타납니다.

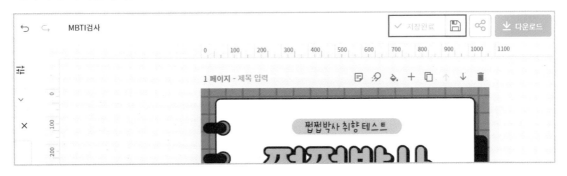

(7) 공유하기

[공유하기] 기능을 통해 미리캔버스에서 만든 완성된 디자인을 URL 주소로 공유할 수 있습니다. 파일이 아닌 URL로 다양한 SNS에 공유할 수 있기 때문에 인터넷이 되는 곳에서 온라인 프레젠테이션도 가능하게 되어 편리합니다. 또한 협업이 가능하여 여러 상황에서 응용할 수 있습니다.

[공유하기] 버튼을 누른 뒤 [디자인 문서 공개]를 활성화시킵니다.

[디자인 문서 공개]를 활성화하면 URL 복사를 통해 해당 콘텐츠를 다양한 SNS에서 공유할 수 있습니다. 또한, 공유링크 권한을 통해 편집 여부를 정할 수 있고, 보기 설정, 좋아요 댓글, 비밀번호 사용 등을 선택하여 공유할 수 있습니다.

(8) 다운로드

미리캔버스를 통해 콘텐츠를 만든 후 파일로 저장하는 기능입니다. 웹용/인쇄용/동영상 3가지로
나뉘는데 종류에 따라 다운받는 파일의 형식이 달라집니다.

[웹용]은 JPG, PNG, PDF, PPT로 저장할 수 있습니다. PNG
의 경우 투명한 배경으로 저장이 가능하며 원하는 페이지만 선택
하여 저장할 수 있습니다. 또 상세페이지 제작을 위해 여러 장의
이미지를 한 장의 이미지로 합쳐서 저장할 수 있는 기능도 제공합
니다.

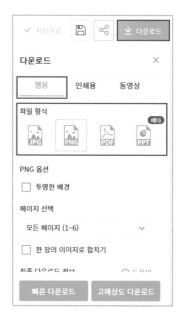

[인쇄용]은 JPG와 PDF로 저장할 수 있습니다.

[동영상]은 원하는 페이지를 선택하여 동영상을 만들 수 있으며 MP4 형식의 동영상과 이미지에 움직임을 넣을 수 있는 GIF 파일로 저장할 수 있습니다.

미리캔버스의 디자인을 제대로 활용 가능한 [기능] 탭

[기능] 탭은 미리캔버스의 디자인을 보다 쉽게 제대로 활용 가능하도록 잘 분류되어 있습니다.

템플릿	전문 디자이너들이 제작한 디자인 샘플들이 있습니다. 키워드로 원하는 템플릿을 검색할 수 있고 마음대로 편집이 가능합니다.
작업 공간	그동안 자신이 만들었던 디자인을 찾아 다시 편집해서 사용할 수 있습니다.
업로드	개인이 가지고 있는 사진이나 동영상을 업로드하여 슬라이드에 적용할 수 있습니다.
사진	디자인에 활용할 수 있는 사진을 적용할 수 있습니다. 미리캔버스에서 제공되는 사진과 픽사베이에 있는 사진으로 구분됩니다.
요소	디자인에 적용할 수 있는 일러스트, 조합, 애니, 도형, 선, 프레임, 차트, 표의 요소들이 제공됩니다.
텍스트	미리캔버스에서 제공하는 조합, 스타일, 특수문자를 넣을 수 있으며, 텍스트를 직접 추가하여 폰트 및 색을 정할 수 있습니다.
테마	원하는 테마색을 선택하여 디자인의 색상을 한꺼번에 변경할 수 있습니다.
동영상	자신이 가진 동영상이나 유튜브의 동영상을 슬라이드에 추가할 수 있습니다.
배경	단색 배경과 패턴 배경, 사진 배경을 슬라이드에 넣을 수 있습니다.
♥	마음에 드는 템플릿을 모아서 볼 수 있습니다.

작업이 이루어지는 슬라이드 화면

화면 오른쪽 중앙에는 모든 작업이 이뤄지는 슬라이드가 있습니다.

❶ 확대축소

슬라이드 화면을 확대/축소할 수 있는 기능입니다. 정사각형 꼭지점 아이콘을 누르면 모니터 크기에 맞게 최적화 사이즈가 되고 모니터보다 슬라이드가 커질 경우 손바닥 아이콘을 활성화하면 자신이 원하는 위치로 이동이 쉽도록 도와줍니다.

❷ 페이지 메모

자신이 슬라이드를 만들 때 기억해야 할 내용을 메모하거나 슬라이드 공유 시 페이지 메모를 남기면 협업할 때 의사소통을 쉽게 할 수 있습니다.

[페이지 메모] 버튼을 눌러 메모를 적은 후 완료를 클릭합니다. 페이지 메모를 적으면 버튼에 초록색 동그라미가 나타납니다.

❸ 애니메이션 효과

텍스트나 요소에 애니메이션 효과를 넣을 수 있습니다.

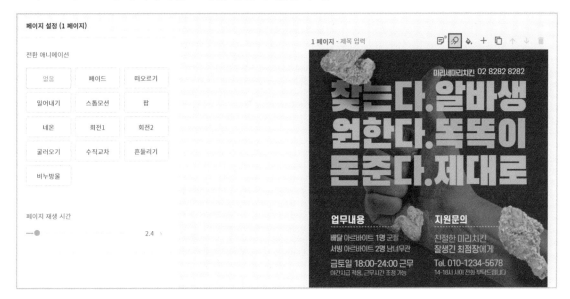

[애니메이션] 버튼을 클릭하면 전환 애니메이션의 종류가 나타납니다.

원하는 전환 애니메이션을 선택합니다. 전환 애니메이션은 슬라이드 전체에 적용됩니다. 페이지 재생 시간을 조절할 수 있습니다. 애니메이션을 적용한 슬라이드는 프레젠테이션에 사용하거나 MP4 동영상 파일 또는 움직이는 이미지인 GIF 파일로 저장합니다.

❹ 배경색

슬라이드의 배경색을 넣을 수 있습니다.

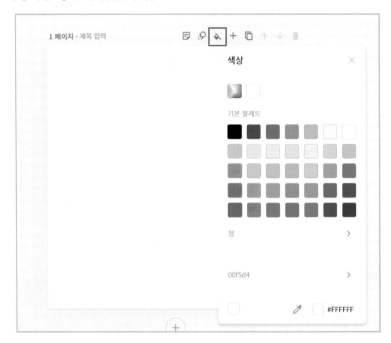

❶ 배경색 버튼을 눌러 원하는 배경색을 선택합니다. 그러면 배경색이 적용됩니다.

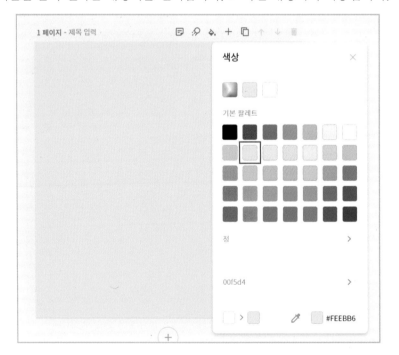

❷ 원하는 배경색이 보이지 않는다면
꺽쇠를 클릭합니다(팔레트가 생성된 경우).

❸ 팔레트가 없는 경우 [새 팔레트 추가]를
클릭한 후 팔레트 이름을 넣어줍니다.

❹ 무지개빛 색상을 클릭합니다.

❺ 마우스를 클릭하여 배경색을 직접 지정합니다.

❺ 새 페이지 추가

현재 작업하는 페이지 밑에 빈 페이지를 추가할 수 있습니다.

❻ 페이지 이동

여러 장의 페이지인 경우, 페이지를 위로/아래로 이동할 수 있습니다.

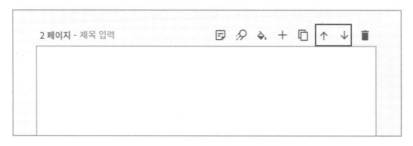

❼ 페이지 삭제

작업하고 있는 페이지를 삭제할 수 있습니다. 페이지가 하나일 경우 페이지 삭제는 비활성화 됩니다.

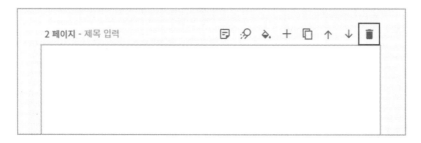

3. 심플하게 배경 넣기

단색 배경

미리캔버스에서 가장 기본이 되는 기능이 바로 배경입니다. 미리캔버스에서 배경은 콘텐츠의 색감을 결정하기 때문에 가장 중요한 디자인 요소 중 하나입니다. 배경은 단색과 패턴, 사진을 선택할 수 있습니다.

❶ 메뉴에서 [배경]을 클릭합니다.

❷ 원하는 색을 선택합니다.

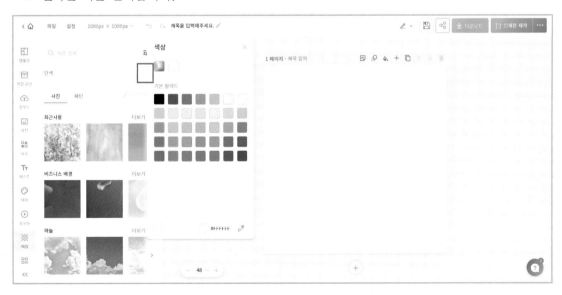

❸ 선택한 색이 페이지에 적용됩니다.

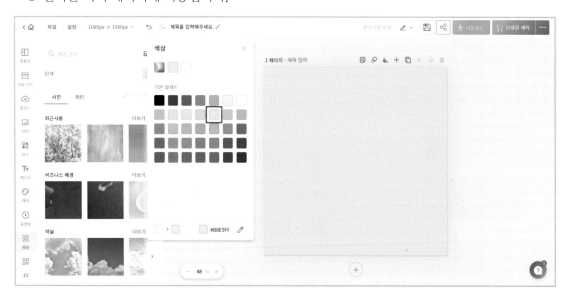

꼭 알아두어야 할 스포이드 기능!

자신의 사진을 미리캔버스에 가져온 다음 사진에 있는 색을 스포이드로 찍어서 어울리는 배경을 만들 수 있습니다.

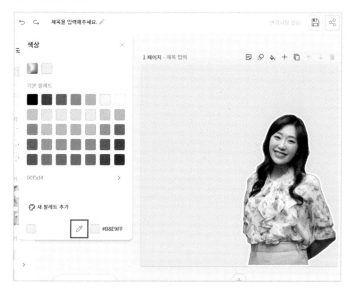

❶ 스포이드로 사진 속의 치마를 클릭합니다.

❷ 배경이 적용됩니다.

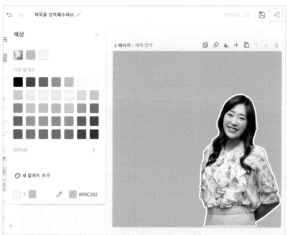

패턴 배경

❶ 처음에는 익숙해지기 위해 예제를 통해 연습해볼까요? [배경]에서 [패턴]을 클릭합니다.

❷ 도형 패턴에서 더보기를 클릭합니다.

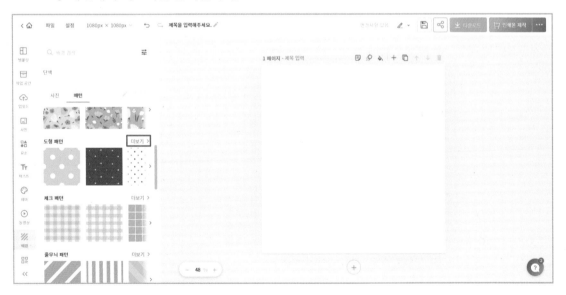

❸ [배경 편집]을 클릭합니다.

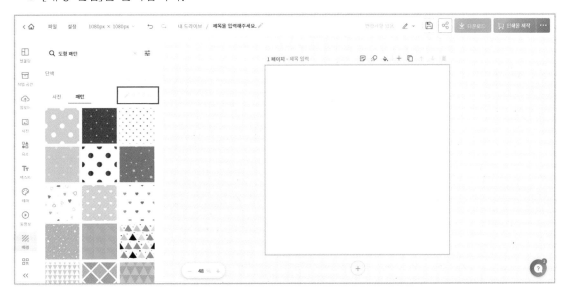

❹ 패턴 배경에 들어가면 투명도, 색상, 패턴 크기를 변경할 수 있습니다. 또 해당 배경의 키워드와 비슷한 요소도 찾을 수 있습니다. 색상을 변경해보겠습니다.

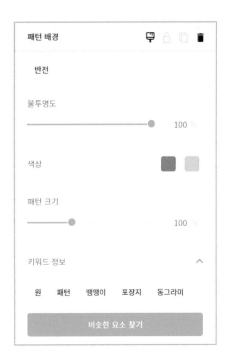

❺ 이번에는 패턴 크기를 변경해보겠습니다. 패턴 크기는 숫자가 커지면 커질수록 패턴이 작아집니다. 패턴을 작게 만들면 텍스트와의 조합이 쉬워지기 때문에 디자인 초보라면 패턴을 작게 만드는 것을 추천합니다.

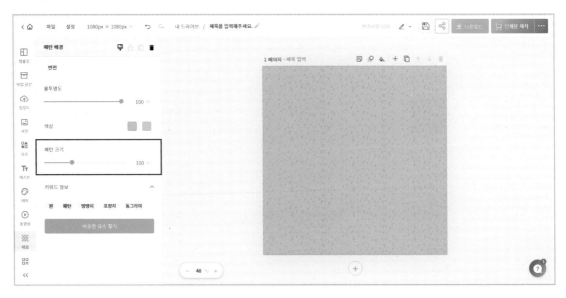

❻ 패턴 크기 아래에 있는 초록색 원을 오른쪽으로 드래그 합니다.

❼ 패턴이 더 커졌습니다.

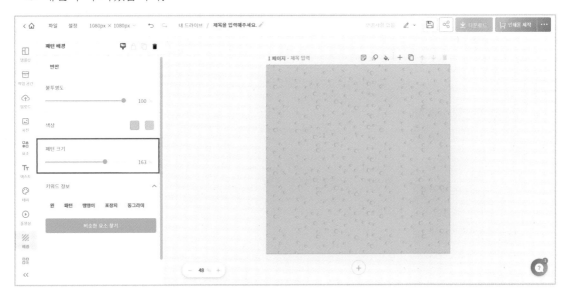

사진 배경

❶ [배경]–[사진]을 클릭합니다. 하늘, 바다 사진과 그래픽 배경, 실사 배경, 그라데이션 배경, 텍스처 배경 등을 주제로 선택할 수 있습니다.

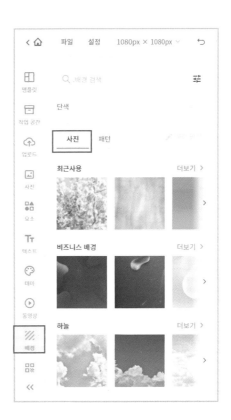

❷ 실사 배경의 사진에서 원하는 키워드를 검색합니다.

❸ 마음에 드는 사진 배경을 클릭합니다.

❹ [반전]을 누르면 배경을 좌우반전, 또는 상하반전을 할 수 있습니다.

❺ [좌우반전]을 누르니 배경이 좌우반전이 된 것을 볼 수 있습니다.

❻ [자르기]를 눌러 사진을 이동해서 원하는 부분을 배경으로 만들 수 있습니다. 사진을 마우스로 이동한 후 체크 표시를 누르면 됩니다. 사진 자르기를 취소할 경우 ×표시를 누르면 됩니다.

❼ [더보기]−[사진 빼내기] 메뉴를 누르면 배경이 아니라 일반 사진으로 사용을 할 수 있습니다.

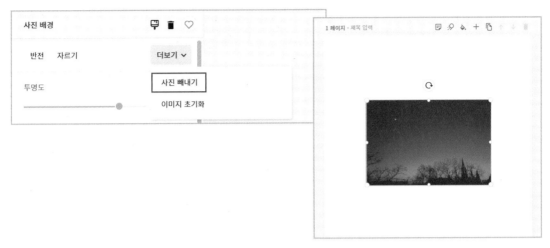

❽ [더보기]−[이미지 초기화] 메뉴를 누르면 가장 처음 사진으로 돌아갑니다.

❾ [불투명도]를 선택하고 초록색 점을 드래그하여 사진의 투명도를 조절할 수 있습니다.

⓾ [필터]를 통해 사진에 여러 가지 필터 효과를 줄 수 있습니다. 필터는 기본 필터 16가지('없음' 포함)로 이루어져 있고 직접 조정을 통해 창에서 하나하나 조정도 가능합니다.

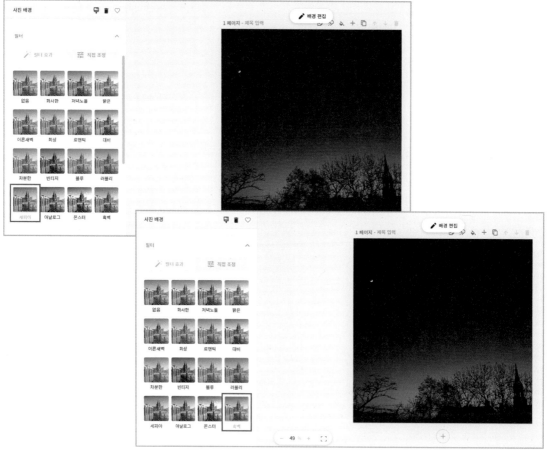

⓫ [필터]–[직접 조정]에 가면 직접 사진의 밝기 조절이 가능합니다. [밝기]에서 숫자를 높여 사진의 밝기를 더 밝게 조절한 예입니다.

이와 같이 콘텐츠의 목적에 따라 단색, 패턴, 사진 배경 등을 사용할 수 있습니다.

4. 텍스트 마음대로 활용하기

미리캔버스는 저작권 걱정 없이 다양한 폰트를 이용할 수 있습니다. 또 조합과 스타일이라는 텍스트 디자인을 제공하기 때문에 디자인 초보도 쉽고 빠르게 다양한 텍스트 디자인을 활용할 수 있습니다.

HELLO,
EVERYONE!

IT'S A ENGLISH TITLE

▲ 조합

▲ 스타일

기본 텍스트 추가하기

❶ [텍스트] 메뉴를 클릭한 후 나타난 [텍스트 추가]의 제목 텍스트, 부제목 텍스트, 본문 텍스트 중 하나를 선택합니다.

❷ 텍스트 박스를 더블클릭하여 제목을 입력합니다.

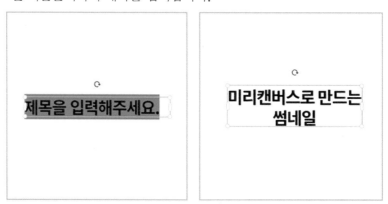

텍스트 옵션 제대로 사용하기

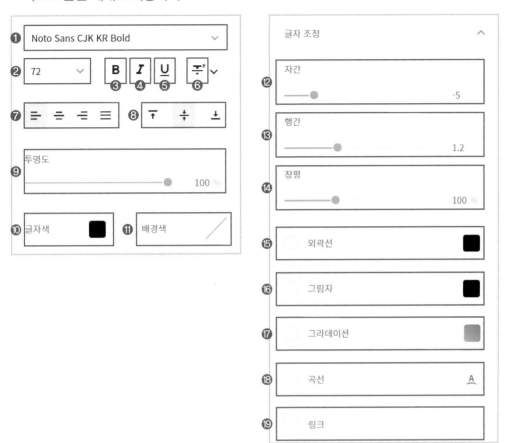

❶ 폰트 ❷ 글자 크기 ❸ 굵게 ❹ 기울임 ❺ 밑줄 ❻ 텍스트 서식 팝업(취소선,윗첨자, 아랫첨자,
대문자전환, 서식 지우기) ❼ 정렬 ❽ 정렬(상단정렬, 중앙정렬, 아래정렬) ❾ 투명도 ❿ 글자색
⓫ 배경색 ⓬ 자간 ⓭ 행간 ⓮ 장평 ⓯ 외곽선 ⓰ 그림자 ⓱ 그라데이션 ⓲ 곡선 ⓳ 링크

(1) 폰트

기본 폰트는 Noto Sans CJK KR Bold로 되어 있으며 드롭 다운하여 원하는 폰트를 선택할 수 있
습니다. 미리캔버스에서 제공되는 폰트는 저작권 걱정 없이 무료로 사용할 수 있습니다.

(2) 글자 크기

글자 크기는 숫자로 조절하거나 슬라이드에서 텍스트를 선택한 후 크기 조절점을 드래그하여 조절할 수 있습니다.

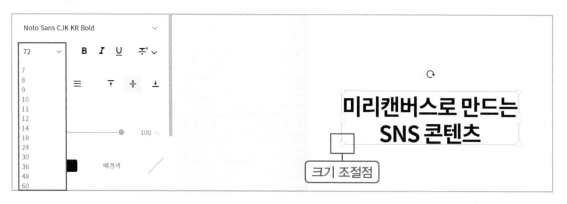

(3) 굵게

선택한 텍스트에 두껍게 폰트를 적용합니다.

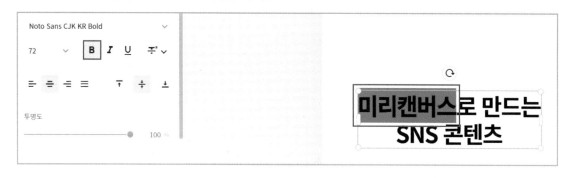

(4) 기울임

선택한 텍스트에 기울임을 적용합니다.

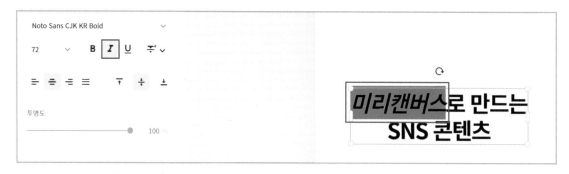

(5) 밑줄

선택한 텍스트에 밑줄을 넣습니다.

(6) 텍스트 서식 팝업

❶ **취소선** : 선택한 텍스트에 취소선을 긋습니다.

❷ **윗첨자** : 선택한 텍스트를 윗첨자 형식으로 변경합니다.

❸ **아랫첨자** : 선택한 텍스트를 아랫첨자 형식으로 변경합니다.

❹ **대문자 변환** : 선택한 영문 소문자를 대문자로 변환합니다.

❺ **서식 지우기** : 텍스트에 적용되었던 서식을 지우고 초기화합니다.

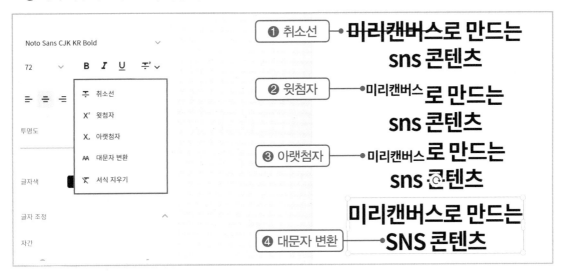

(7) 텍스트 정렬

텍스트를 왼쪽, 가운데, 오른쪽으로 정렬합니다.

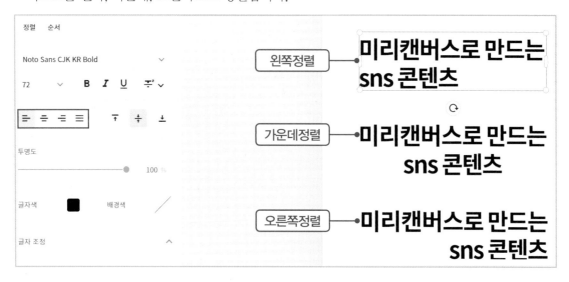

(8) 세로 정렬

텍스트를 상단, 중앙, 하단으로 정렬합니다.

(9) 투명도

텍스트에 투명도를 주어 텍스트와 이미지가 더 조화롭게 만들 수 있습니다. 배경 사진의 느낌을 살리고 싶을 때 주로 사용합니다. 0~100% 값을 선택할 수 있습니다.

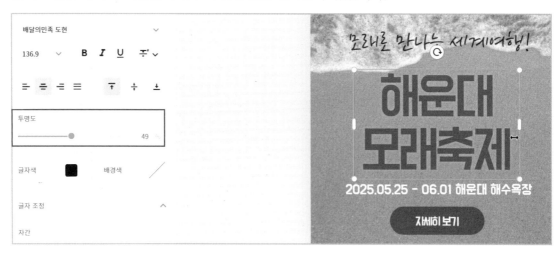

(10) 글자색

선택한 글자의 색을 변경할 수 있습니다.

(11) 배경색

선택한 글자의 배경색을 변경할 수 있습니다.

(12) 자간

글자와 글자 사이의 간격을 조절할 수 있습니다.

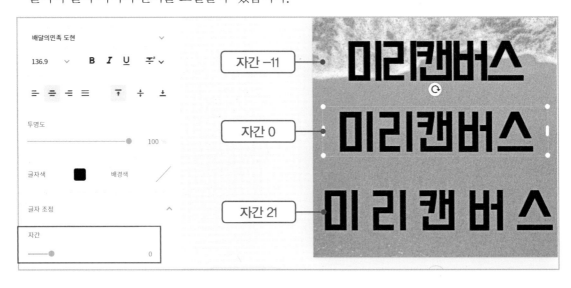

(13) 행간

글자의 행과 행 간격을 조절할 수 있습니다.

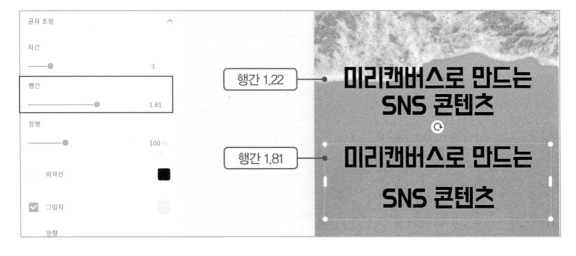

(14) 장평

글자 한 자의 좌우폭을 세로 길이를 기준으로 표시하는 값입니다.

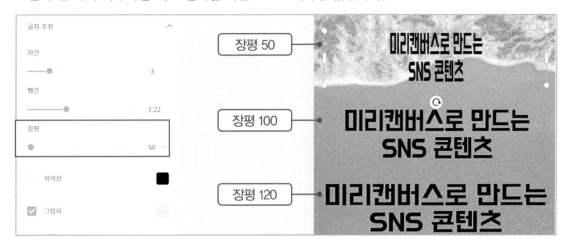

(15) 외곽선

글자에 외곽선을 넣습니다. 외곽선의 색, 두께를 변경할 수 있습니다.

(16) 그림자

글자에 그림자를 넣습니다. 그림자의 색과 방향, 투명도, 거리, 흐림을 선택할 수 있습니다. 그림자를 넣고 싶지 않으면 체크를 해제합니다.

(17) 그라데이션

글자에 그라데이션을 넣습니다. 색상과 방향을 선택할 수 있습니다.

(18) 곡선

글자에 곡선을 넣습니다.

(19) 링크

텍스트를 클릭 시 링크 또는 원하는 페이지로 이동할 수 있습니다. 콘텐츠를 웹에서 공유할 때 사용 가능합니다.

조합 사용하기

미리캔버스에서는 눈에 잘 들어오는 제목, 전통적인 제목, 영문 제목 등 주제와 키워드에 따라 텍스트를 조합할 수 있습니다. 조합 텍스트를 활용하면 쉽게 SNS 콘텐츠를 만들 수 있습니다.

스타일 사용하기

미리캔버스에는 이미 디자인이 된 스타일 텍스트들이 있습니다. 도형과 폰트, 컬러까지 고려한 스타일 텍스트를 활용하면 쉽게 SNS 콘텐츠를 만들 수 있습니다. 스타일 텍스트는 꾸준히 업데이트가 되고 있습니다.

조합이나 스타일을 사용할 때 주의할 점

조합이나 스타일 텍스트는 그룹화로 묶여 있어요. 자신이 원하는 디자인으로 변경을 할 때 그룹 해제를 해주세요.

그룹 상태에서도 편집이 가능하지만 그룹 해제 후 편집하면 편집이 좀 더 자유롭게 됩니다. 색을 변경하고 다른 이미지를 넣어 편집해보세요!

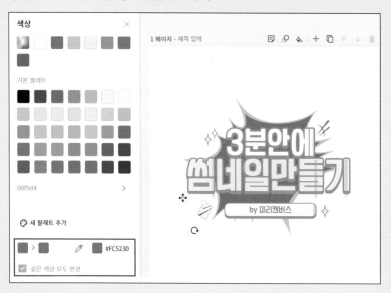

색을 변경할 때 같은 색상 모두 변경 메뉴를 이용하면 편리합니다. 같은 색상이 없을 경우 같은 색상 모두 변경 메뉴는 나오지 않습니다.

스타일 사용하여 SNS 콘텐츠 만들기

❶ 먼저 배경을 넣습니다. 도형 패턴의 원하는 배경을 선택합니다.

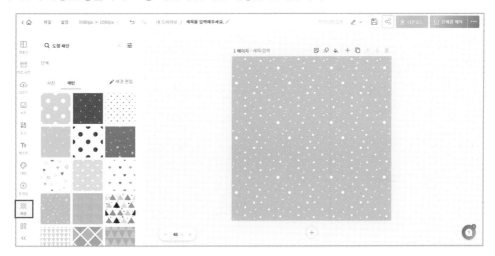

❷ [패턴 크기]를 작게 만듭니다.

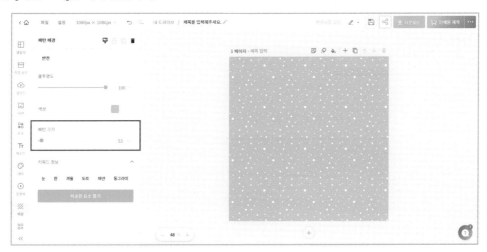

❸ [텍스트]를 추가하겠습니다. 텍스트에는 기본적인 텍스트를 넣는 텍스트 추가 메뉴가 있고 텍스트를 쉽고 예쁘게 넣을 수 있는 [조합]과 [스타일] 메뉴가 있습니다. [스타일]에 들어가서 텍스트를 추가해보겠습니다.

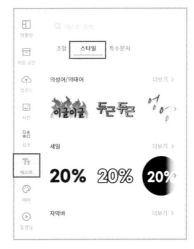

❹ [스타일] 메뉴에는 미리캔버스에서 텍스트를 사용하기 편리하도록 미리 디자인해놓은 텍스트가 모여 있습니다. 배경에 어울리는 스타일을 선택한 후 클릭합니다.

❺ 대각선 방향으로 마우스를 드래그하면 텍스트의 크기를 조절할 수 있습니다.

❻ 더블클릭하고 내용을 변경합니다.

❼ 표시되어 있는 [그룹 해제하기] 버튼을 누르면 그룹으로 묶여있던 텍스트가 떨어집니다.

❽ 더 많은 텍스트를 써야 할 경우에는 텍스트를
선택한 후 마우스 우클릭을 하고 [복사]를 눌러
텍스트를 복사합니다.

❾ 마우스 오른쪽을 클릭하여 [붙여넣기]를 합니
다.

❿ 그러면 그림과 같이 복사한 텍스트가 두 개가 됩니다. 이렇게 텍스트를 복사할 경우 기본 텍스트를 넣어 글꼴을 바꾸는 것보다 훨씬 빠르게 작업할 수 있습니다. 텍스트를 배치하고 넣고 싶은 내용으로 변경합니다.

⓫ 텍스트 글꼴의 크기를 변경하여 SNS 콘텐츠를 완성합니다. 필요에 따라 다시 그룹화를 하여 이동이 편리하도록 변경할 수 있습니다.

특수문자 넣기

미리캔버스에서는 키보드에 없는 특수문자를 제공합니다. 도형, 화살표, 원문자, 화폐단위 등 필요한 특수문자를 사용할 수 있습니다. 특히 자신이 직접 썸네일을 만들 경우 자신이 만든 이미지를 표시하기 위해 그림과 같이 ⓒ를 사용하는 것을 추천드립니다.

❶ [텍스트] – [특수문자]를 클릭합니다.

❷ [원문자] – [더보기]를 클릭합니다.

❸ 원문자 소문자 C를 클릭합니다(대문자 C를 선택해도 됩니다).

❹ 특수문자를 원하는 위치로 이동합니다. 특수문자
를 선택 후 마우스를 드래그해주세요.

❺ 특수문자 옆에 텍스트 상자를 추가하여 닉네임을
적어줍니다. 크기와 텍스트 색을 변경합니다.

5. 내 PC 사진 업로드하기

미리캔버스에서 가장 많이 쓰이는 기능 중 하나가 업로드 기능입니다. 업로드 기능을 이용하면 직접 찍은 내 사진을 넣을 수 있습니다. 미리캔버스에서는 JPG, PNG, SVG, GIF, MP4 파일 등을 업로드 할 수 있습니다. 업로드를 하는 방법은 이미지, 동영상, 음악이 모두 동일합니다.

❶ [업로드]를 클릭한 후 [내 파일 업로드]를 클릭합니다.

❷ 파일 탐색기 창이 열리면 업로드하고 싶은 사진을 선택 후 마우스로 드래그 앤 드롭하거나 이미지 선택 후 열기를 클릭하여 업로드 합니다. Shift 키를 이용하면 사진을 여러 장 선택할 수도 있습니다.

6. 미리캔버스의 꽃, 다양한 요소 활용하기

미리캔버스에서는 디자인에 필요한 여러 가지 요소를 편리하게 넣을 수 있도록 제공하고 있습니다. 이러한 요소들은 사용자가 쉽게 찾을 수 있도록 컬렉션, 아이콘, 일러스트, 조합, 애니, 도형, 선, 프레임, 차트, 표와 같이 주제별로 나뉘어져 있습니다.

요소 메뉴를 클릭하여 원하는 카테고리를 선택하고 검색할 수 있습니다.

일러스트

조합

조합은 프레젠테이션을 만들 때 특히 유용합니다.

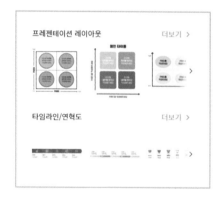

도형

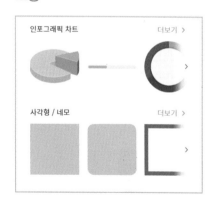

애니

선

프레임

차트

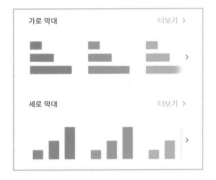

표

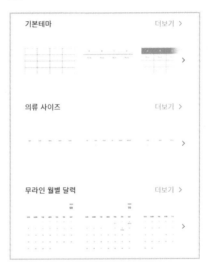

프레임 이용하여 썸네일 만들기

❶ [프레임] 선택 후 사다리꼴을 검색합니다.

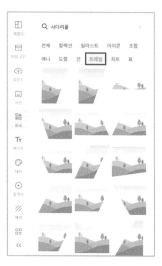

❷ 원하는 사다리꼴 프레임을 선택합니다.

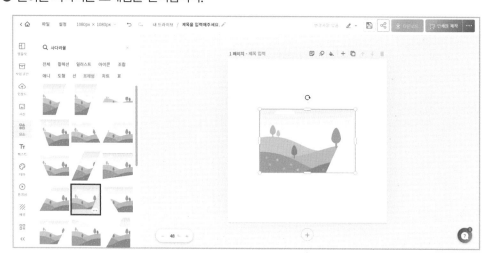

❸ 배경에 맞게 드래그를 하여 크기를 조절합니다.

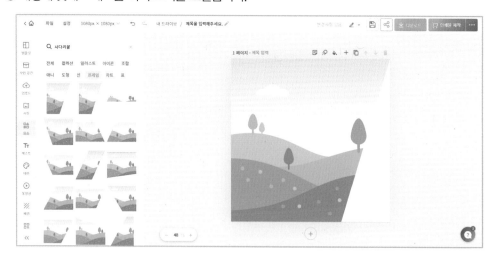

❹ 작성된 프레임에 사진을 입혀 보겠습니다.

　① [사진]을 클릭합니다.

　② 검색창에 자신이 찾고자 하는 사진을 검색합니다. 여기서는 '카메라'를 검색했습니다.

　③ 마음에 드는 사진을 클릭합니다.

❺ 사진을 프레임쪽으로 드래그합니다.

❻ [텍스트]를 이용하여 필요한 문구를 넣어줍니다.

원하는 요소 똑똑하고 빠르게 검색하기

SNS 콘텐츠를 만들 때 필요한 요소를 빠르게 찾는 것이 중요합니다. 키워드를 찾는 방법을 알아보도록 하겠습니다.

❶ 먼저 자신이 찾는 단어를 검색창에 넣고 Enter 키를 누릅니다.

❷ 나온 요소들 위에 마우스를 대면 점 세 개가 나타납니다. 점 세 개를 클릭하면 해당 요소에 해당하는 키워드를 볼 수 있습니다. 키워드를 보면서 자신이 생각하지 못했던 키워드를 참고하여 검색할 수 있습니다. 또한 비슷한 요소 찾기 메뉴를 통해 해당 요소와 비슷한 요소를 검색할 수도 있습니다.

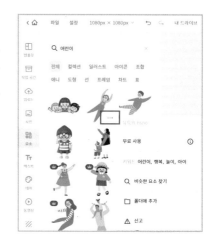

7. 활용도 짱! 사진 넣기

미리캔버스 사진

미리캔버스에서는 사진을 편리하게 넣을 수 있습니다. 또한 상업적으로도 이용 가능한 사진이 많이 있는 공유마당의 사진까지 검색하여 활용할 수 있다는 것도 큰 장점입니다.

(1) 사진 추가

[검색]을 이용하여 단풍잎 사진을 검색해보도록 하겠습니다.

❶ '단풍잎'을 검색하면 단풍잎을 키워드로 가지고 있는 여러 사진이 검색됩니다. 배경이 있는 사진, 배경이 없는 사진까지 다양하게 검색됩니다. 배경이 없는 단풍잎 사진을 선택해서 썸네일에 추가해보도록 하겠습니다.

❷ 원하는 단풍잎을 클릭합니다. 그러면 단풍잎이 추가됩니다.

(2) 크기 조절

사진의 대각선을 드래그하면 단풍잎의 크기를 조절할 수 있습니다.

(3) 사진 이동

단풍잎을 선택하면 오른쪽에 동서남북 모양의 버튼이 나옵니다. 마우스 왼쪽을 누르면서 드래그하면 사진을 마우스 위치에 따라 원하는 곳으로 이동할 수 있습니다.

(4) 사진 회전

추가한 사진 위에 있는 회전 버튼을 눌러 사진을 회전시킬 수 있습니다. 또 단축키를 통해 사진을 회전시킬 수도 있습니다.

시계방향 회전 : Ctrl + → , 반시계방향 회전 : Ctrl + ←

(5) 사진 투명도

투명도를 조절하여 사진이 자연스럽게 조화되도록 변경합니다.

(6) 사진 복사하기

사진을 선택하고 Ctrl 키를 누르면서 드래그를 하면 사진이 복사됩니다.

사진을 선택하고 마우스 우클릭 후 복사와 붙여넣기를 해
도 사진이 복사됩니다.

원하는 곳에 사진을 복사한 후 회전, 크기 조절을 하여 썸
네일의 완성도를 높입니다.

(7) 비슷한 사진 찾기

❶ 사진을 선택한 후 스크롤을 내려 가장 아래에 [비슷한 요소 찾기]를 클릭하면 비슷한 요소의
사진을 찾을 때 편리하게 사용할 수 있습니다.

❷ 해당된 키워드가 들어간 비슷한 사진들이 검색되어 나타납니다.

❸ 스크롤을 내리면 배경이 없는 사진도 나타나서 편집에 유용하게 사용할 수 있습니다.

❹ 마음에 드는 다른 종류의 단풍잎을 넣습니다.

❺ 사진의 크기와 투명도, 회전도를 조절하여 SNS 콘텐츠를 완성합니다.

똑똑하게 사진 검색하기

❶ 사진을 넣고 싶을 때 원하는 사진을 보다 빠르고 정확하게 찾을 수 있습니다. 자신이 원하는 색상, 형태로 검색 가능합니다. 정사각형의 사진을 검색해보겠습니다.

❷ 정사각형의 사진이 검색이 됩니다.

❸ 이번에는 검은색의 사진을 검색해보도록 하겠습니다.

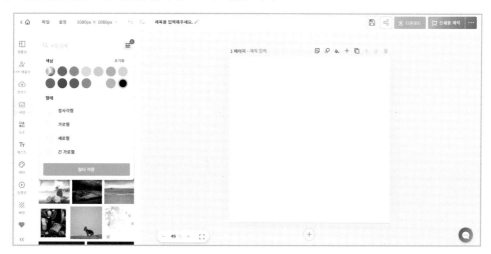

❹ 검은색의 사진이 검색됩니다.

필터 사용하기

사진 필터 기능을 이용하면 간단한 방법으로 감각적인 사진 효과를 더할 수 있습니다.

❶ 미리캔버스에서는 16가지 필터를 제공하고 추가로 직접 조정을 통해 사진에 다양한 효과를 줄 수 있습니다. 즉, 필터를 선택 후 직접 조정을 통해 추가적으로 조절도 가능합니다.

❷ 몬스터 필터를 선택한 후 직접 조정에서 밝기 90을 지정한 모습입니다.

❸ 러블리 필터를 선택한 후 직접 조정에서 비네트 86을 지정한 모습입니다.

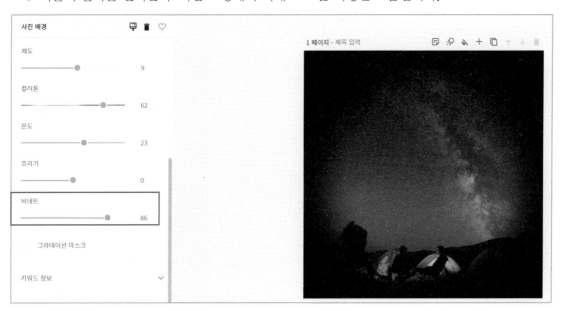

TIP　　**비네트란?**

비네트는 사진의 외곽이 어둡게 나오는 정도를 의미합니다. 비네트의 값이 커질수록 외곽이 어둡게 나옵니다.

사진 자르기

미리캔버스에서 사진을 자르는 방법을 알아볼까요? 사진 자르기는 사진에서 직사각형으로 원하는 부분을 선택하면 선택한 부분만 남겨지는 기능입니다.

❶ 자르고자 하는 사진을 페이지에 넣습니다.　　❷ 사진을 더블클릭합니다.

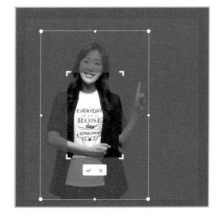

❸ 조절점을 조절해서 원하는 부분만 남깁니다.

❹ 체크 표시를 한 후 ✔ [이미지 영역 적용하기]를 누르면 원하는 영역만 남습니다. ✖를 누르면 자르기가 취소됩니다.

8. 쉽게 테마 사용하기

SNS 콘텐츠를 만들 때 색상 선택이 어려우시죠? 색상 선택이 어려울 때는 미리캔버스의 테마 카테고리를 적극적으로 이용하면 편리합니다. 테마 색상을 선택하면 배경색과 폰트의 색이 어울리는 색으로 자동으로 바뀌게 됩니다.

테마 색상 선택

❶ 템플릿에서 디자인을 고른 다음 테마를 클릭합니다. 현재 색상은 윗쪽에서 확인할 수 있고 아래에서 원하는 테마 색상을 선택할 수 있습니다.

❷ 테마색이 적용되었습니다.

❸ 마음에 안드는 경우 [초기화] 메뉴를 누르면 원본으로 되돌아갑니다.

셔플 사용하기

테마 메뉴에서는 셔플 기능을 제공합니다. 셔플이란 카드를 섞는다는 의미로 랜덤보다 더 발전된 알고리즘입니다. 랜덤은 무작위로 골라지기 때문에 같은 테마가 반복해서 골라질 수 있지만 셔플은 이미 보여준 테마를 제외한 나머지에서 무작위로 골라주는 알고리즘입니다. 따라서 앞서 보여준 테마가 반복해서 선택되지 않고 다양한 테마를 무작위로 선택하여 보여줍니다.

● 세상에서 가장 쉬운 디자인 돈 버는 SNS 콘텐츠 만들기 with 미리캔버스

사진 요소 이용해서 테마 색상 변경하기

❶ 작업 영역에 사진 요소가 있다면 사진 요소에서 색상을 추출하여 테마 색상을 변경할 수 있습니다.

❷ 사진에 있는 색으로 추천 테마색이 선정됩니다. 추천 테마색을 클릭하면 추천 테마색 안에서 자동으로 색이 셔플됩니다.

❸ 또 추천 테마색을 클릭하면 색이 자동으로 변경됩니다.

9. 편리한 동영상 넣기

미리캔버스에서는 원하는 동영상을 추가하여 SNS 콘텐츠를 만들 수 있습니다. 또한 유튜브 동영상을 추가하여 프레젠테이션에서도 쉽게 이용할 수 있습니다.

동영상 넣기

❶ [동영상] 메뉴를 클릭하고 원하는 동영상을 클릭합니다.

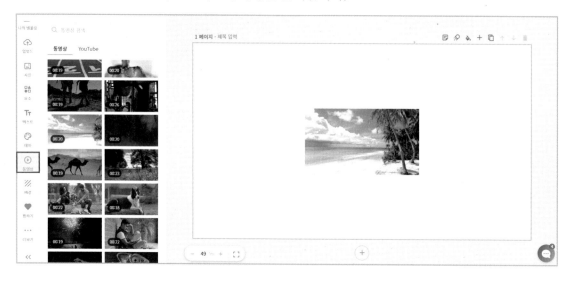

❷ 마우스를 드래그하여 동영상을 슬라이드에 꽉 채웁니다. 동영상의 투명도 조절, 구간 자르기, 음량 조절도 가능합니다.

유튜브 동영상 넣기

❶ [동영상] 옆의 [YouTube] 탭으로 갑니다. 유튜브 URL 주소를 붙여 넣기 위해 YouTube 이동 버튼을 누릅니다.

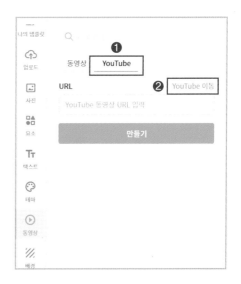

❷ 원하는 검색어를 입력하여 미리캔버스에 넣고 싶은 영상을 찾습니다.

❸ 원하는 동영상을 찾았으면 클릭하여 [공유] 버튼을 누릅니다.

❹ [복사] 버튼을 눌러 URL을 복사합니다.

❺ URL을 붙여넣은 후 만들기를 누르면 동영상이 삽입됩니다.

❻ 동영상의 크기를 조절합니다.

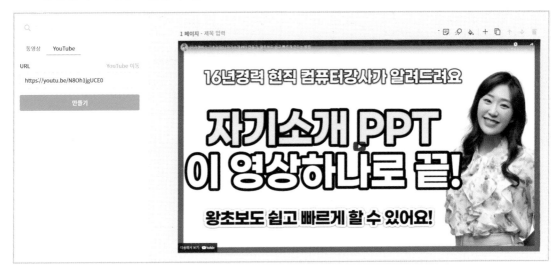

❼ [파일]-[슬라이드 쇼]를 차례로 눌러줍니다.

❽ 미리캔버스에서 슬라이드 쇼로 동영상을 쉽게 보여줄 수 있습니다.

10. 템플릿 활용하기

미리캔버스는 다양한 템플릿을 제공하고 있습니다. 웹
용과 인쇄용으로 나뉘어있고 대표적 SNS인 인스타그램,
유튜브, 블로그 템플릿과 프레젠테이션, 포스터, 배너,
상세페이지 등 수많은 템플릿을 활용할 수 있습니다. 미
리캔버스의 템플릿을 활용하면 누구나 SNS 콘텐츠를 쉽
고 멋지게 만들 수 있습니다. 특히 미리캔버스 템플릿은
계속 업데이트 되고 있기 때문에 앞으로 더 다양한 템플
릿을 골라서 사용할 수 있습니다.

❶ 템플릿을 선택 후 원하는 키워드를 검색합니다. 자
신이 찾고 있는 콘텐츠의 종류를 선택하면 원하는 템플릿
을 보다 빨리 찾을 수 있습니다.

❷ 마음에 드는 템플릿을 선택하면 페이지에 적용됩니다. 텍스트와 요소를 변경하여 자신의 콘
텐츠를 완성합니다.

11. 찜하기

마음에 드는 요소와 템플릿에 대해 찜하기를 통해 모아놓을 수 있습니다. 마음에 드는 템플릿을 찾는 것도 시간이 많이 걸릴 때가 많은데요. 미리캔버스 작업을 하다 마음에 드는 템플릿이나 요소, 사진, 텍스트가 있다면 찜하기를 이용해보세요.

❶ 마음에 드는 템플릿 위에 마우스를 올려놓으면 오른쪽 아래에 점 세 개가 생깁니다. 점 세 개를 클릭 후 [폴더에 추가] 메뉴를 선택합니다.

❷ [내 드라이브] 메뉴의 [찜하기]를 선택합니다.

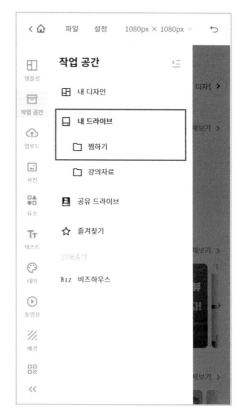

❸ 자신이 보고 싶은 종류만 필터링해서 볼 수 있는 것도 장점입니다. 템플릿 또는 디자인 요소를 선택하여 볼 수 있습니다.

12. QR코드/바코드 만들기

포스터나 SNS 콘텐츠에서 QR코드를 본 적 있나요? 미리캔버스에서는 QR코드/바코드를 쉽게 만들 수 있습니다. 이제 미리캔버스에서 QR코드/바코드를 만들어 콘텐츠에 활용해보세요. 바코드는 생성 코드가 있어야 하기 때문에 여기서는 QR코드만 만들어보도록 하겠습니다.

❶ [더보기]에 들어가 [QR코드]를 선택합니다.

❷ QR코드에 이어질 URL을 붙여 넣습니다. 저는 ZOOM 할인코드가 있는 블로그 포스팅 주소를 붙여 넣었습니다.

❸ QR코드가 중앙에 들어갑니다.

❹ QR코드를 드래그하여 원하는 크기로 만든 후 원하는 위치에 넣어 완성하였습니다.

STEP

03

미리캔버스
200% 활용하기

03 : 미리캔버스 200% 활용하기

1. PPT의 강자 미리캔버스

회사 보고서를 작성하시나요?
자기소개서를 준비하고 계신가요?
강의를 준비하시나요?

이 때 필요한 것은 바로 프레젠테이션입니다. 예전에는 사람들이 무료 PPT 템플릿 검색을 많이 했었습니다. 프레젠테이션을 새로 만드는 것은 시간도 많이 걸리고 부담도 되기 때문이죠. 이제는 무료 PPT 템플릿을 검색할 필요가 없습니다. 미리캔버스에서는 다양한 프레젠테이션 템플릿을 제공하거든요. 작년 저희 아이가 영재학급 발표회를 할 때 미리캔버스를 이용하여 프레젠테이션을 만들고 칭찬을 많이 받았습니다. 올해 지인 아이가 합격한 영재학급에서는 미리캔버스를 이용한 자기소개 프레젠테이션이 필수 과제였습니다. 학생부터 성인까지 미리캔버스를 이용하면 훌륭한 프레젠테이션 자료를 만들 수 있습니다. 그럼 미리캔버스를 이용한 프레젠테이션을 만들어볼까요?

자기소개 PPT 만들기

❶ 자기소개 PPT를 만들어 보도록 하겠습니다. [프레젠테이션] 템플릿을 선택합니다.

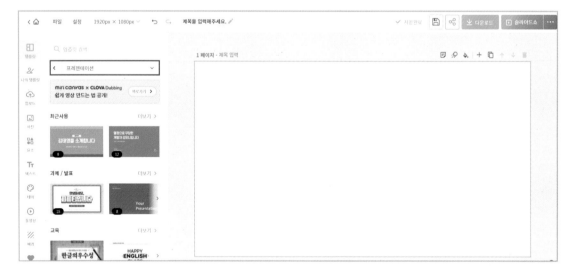

❷ [자기소개]를 검색하면 템플릿이 검색됩니다. 마음에 드는 템플릿을 선택합니다.

❸ 마음에 드는 템플릿을 발견하여 [이 템플릿으로 덮어쓰기]를 클릭하면 전체 템플릿이 페이지에 적용됩니다.

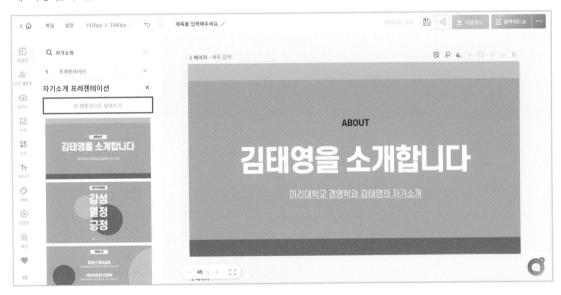

❹ 텍스트 상자를 클릭하여 내용을 변경합니다.

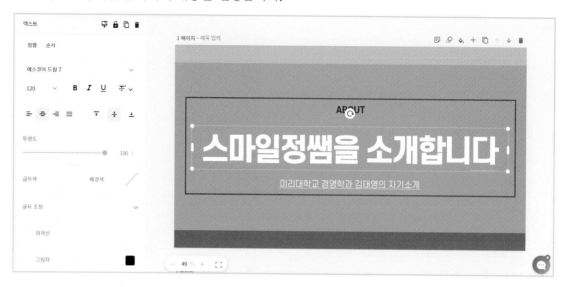

❺ 템플릿에 원하는 내용이 없을 경우에는 페이지를 복제합니다.

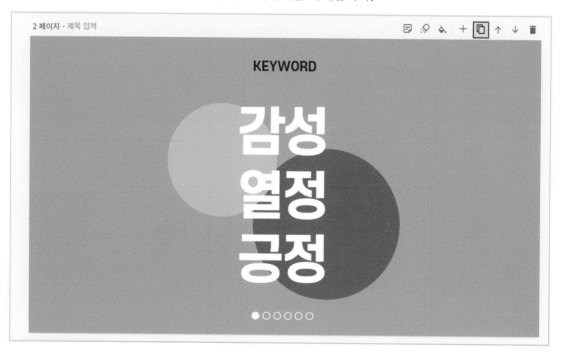

❻ 필요 없는 부분을 삭제합니다.

❼ [요소] – [조합]을 선택하고 프레젠테이션 레이아웃
의 [더보기]를 클릭합니다.

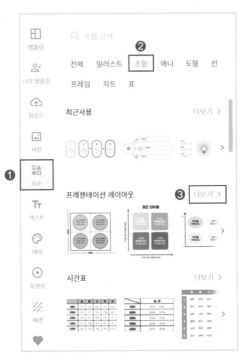

❽ 프레젠테이션 레이아웃에는 프레젠테이션에 유용하게 쓰일 요소 샘플이 많습니다. 프레젠테이션 레이아웃을 적극적으로 활용해보세요.

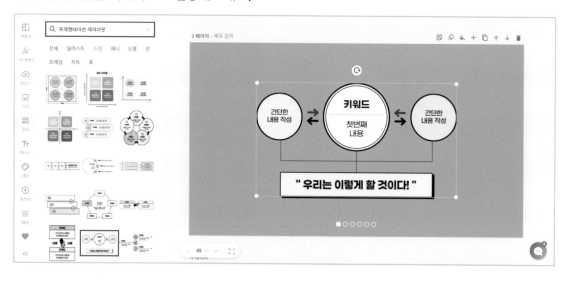

❾ 다른 템플릿과의 조화를 위해 외곽선을 해제합니다. 템플릿에서 사용하는 색으로 도형의 색을 변경합니다. 미리캔버스에서는 템플릿에서 사용하고 있는 색상을 위쪽에 모아서 보여줍니다.

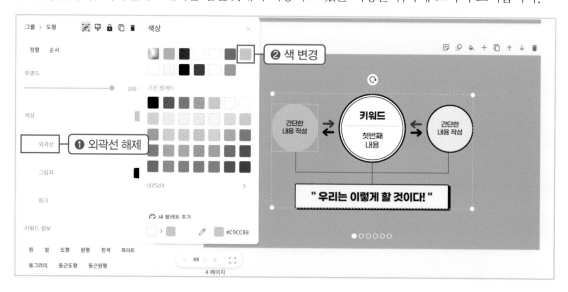

⑩ 템플릿에서 사용하고 있는 색으로 도형을 변경하였습니다. 프레젠테이션에서는 너무 많은 색을 사용하는 것보다 3~4가지의 색 안에서 사용하는 것이 좋습니다.

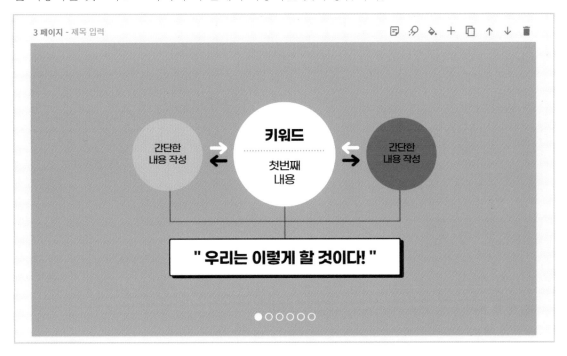

⑪ 사진이나 업로드 메뉴에서 필요한 사진을 드래그하여 넣습니다.

⓬ 필요 없는 사진을 선택하고 [휴지통] 버튼을 눌러 삭제합니다.

⓭ 프레임이 삭제되고 텍스트로 활용할 수 있습니다.

⑭ 템플릿에 있는 도형을 모두 지우고 요소의 프레임을 활용하여 페이지를 만드는 방법도 추천합니다.

❶ 요소를 클릭합니다.

❷ 프레임을 클릭합니다.

❸ 핸드폰을 적습니다.

❹ 마음에 드는 핸드폰 프레임을 선택하면 페이지에 나타납니다.

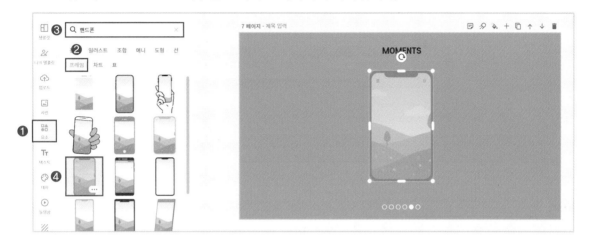

이와 같이 요소의 프레젠테이션 레이아웃과 프레임을 활용하면 자신만의 프레젠테이션을 쉽고 빠르게 만들 수 있습니다.

디자인 변경하여 보다 멋있게 만들기

자신이 선택한 템플릿 외에도 여러 가지 샘플 디자인을 섞어서 적용하는 방법을 알아볼까요?

❶ 프레젠테이션에서 [교육]을 검색하여 '심플하고, 통통튀는 프레젠테이션'을 가져왔습니다.

❷ 목차를 다른 디자인으로 변경해보겠습니다. 플러스(+) 버튼을 눌러 새 페이지를 추가합니다.

❸ '심플하고 통통튀는 프레젠테이션' 오른쪽에 있는 ✕ 버튼을 누르면 다른 템플릿을 확인할 수 있는 페이지로 돌아 갑니다.

❹ 마음에 드는 디자인을 골라 추가한 페이지에 적용합니다. 이 때 적용할 페이지만 클릭을 해줍니다.

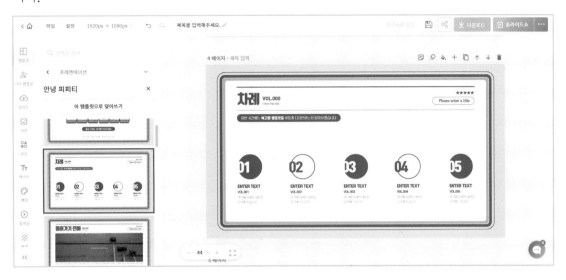

❺ 기존 디자인에서 필요 없는 부분을 마우스로 클릭하여 지워줍니다.

❻ 마우스로 선택이 잘 안 되는 요소가 있는 경우 [설정] – [레이어]를 활성화하면 현재 페이지의 모든 요소들을 확인하고 선택할 수 있습니다.

❼ 필요 없는 부분이 함께 선택되지 않도록 원하는 디자인만 남겨놓은 다음, 원하는 디자인을 마우스로 드래그 합니다. 마우스 우클릭을 눌러 [복사]를 누릅니다(단축키 Ctrl + C).

❽ 붙여넣기 할 페이지를 클릭하여 선택한 다음, 복사한 디자인을 붙여넣기 합니다
(단축키 [Ctrl] + [V]).

❾ 디자인의 위치를 잘 조정해줍니다.

❿ 페이지의 전체적인 색을 맞춰줍니다. 도형을 클릭한 후 색상을 페이지의 메인색인 검은색으로 변경합니다. 같은 색상 모두 변경 옵션을 체크하면 한 번에 색을 변경 가능합니다.

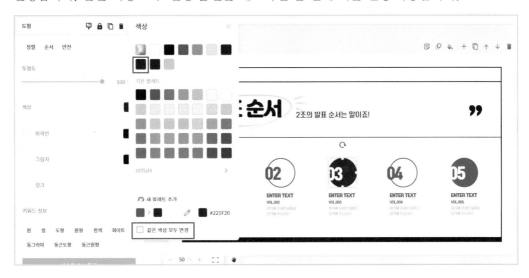

⑪ 이와 같은 방법을 사용하면 미리캔버스에 있는 원하는 템플릿을 좀 더 잘 활용할 수 있습니다.

2. 모바일에서 미리캔버스 사용하기

미리캔버스는 모바일에서도 사용 가능합니다.

❶ 포털 사이트에서 미리캔버스를 검색하여 홈페이지로 들어와서 [바로 시작하기]를 누릅니다.

❷ 플러스 버튼을 눌러 템플릿&요소를 추가합니다.

❸ 원하는 템플릿을 선택합니다.

❹ 템플릿을 넣고 텍스트를 더블클릭하여 내용을 변경합니다. 글꼴이나 글색상도 변경할 수 있습니다.

❺ 작업이 완료되면 표시된 버튼을 눌러 다운로드 또는 공유하기를 누릅니다.

3. 디자이너와 협업하기

미리캔버스에서는 비즈하우스와 연계하여 디자인이 어려울 때 일부 내용을 전문 디자이너에게 맡기는 서비스도 제공하고 있습니다.

❶ 미리캔버스에서 인쇄물 제작 오른쪽의 점 세 개를 클릭하면 [전문가에게 디자인 의뢰하기]로 연결됩니다.

❷ 현재 편집 중인 디자인을 리터치 의뢰하거나 웹 포스터, 썸네일 등 작업 대행을 의뢰할 수 있습니다.

4. 인쇄물 제작하기

미리캔버스에서 만든 디자인은 클릭 한 번으로 인쇄물 제작 서비스를 이용할 수 있습니다. 명함, 배너, 현수막, 포스터, 리플렛 등 자신이 만든 디자인으로 인쇄물을 제작할 수 있어 편리합니다. 인쇄물 제작 서비스를 이용하는 방법을 알아보겠습니다.

❶ 디자인을 완성했다면 오른쪽 상단의 [인쇄물 제작] 메뉴를 클릭합니다.

❷ [인쇄물 제작하기]를 누르면 원하는 인쇄물을 선택할 수 있습니다. 여기에서는 가장 처음에 있는 현수막을 선택해보도록 하겠습니다.

❸ 자신이 원하는 현수막을 선택하고 [현재 디자인으로 제작하기]를 클릭합니다.

❹ 비즈하우스 사이트에서 원하는 옵션을 선택합니다.

❺ 비즈하우스에서 사용할 비밀번호를 등록합니다(첫 사용시 나타납니다).

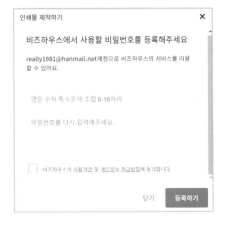

❻ [장바구니 추가]를 눌러 인쇄물 최종 확인을 합니다.

❼ 수정할 내용이 없으면 장바구니로 이동합니다.

❽ 장바구니를 확인 후 주문을 합니다.

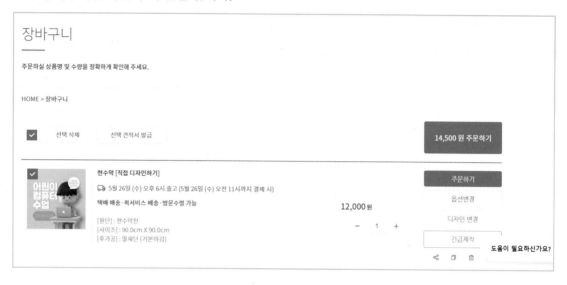

❾ 주문시 쿠폰등록에서 [인쇄하기]를 적어서 등록하면 10% 할인쿠폰을 받을 수 있으니 꼭 기억하세요! 최대 1만원 할인됩니다.

STEP

04

바로 배워 바로 쓰는 SNS 콘텐츠 만들기

04 : 바로 배워 바로 쓰는 SNS 콘텐츠 만들기

1. 블로그 썸네일 이미지 만들기

블로그 썸네일은 자신이 직접 찍은 사진이 좋으며 썸네일에 상호이름이나 전화번호가 들어가면 검색 누락이 될 수 있다는 것을 기억해야 합니다.

또한 같은 사진이 다른 포스팅에서도 쓰이면 유사문서로 처리되어 검색이 되지 않는 글이 될 수 도 있습니다. 따라서 인터넷에서 다운 받는 사진보다는 자신이 직접 찍은 사진이나 미리캔버스에서 직접 만든 이미지가 훨씬 좋습니다.

미리캔버스에서 하나의 템플릿을 만들어놓고 제목과 사진만 바꿔서 사용하면 블로그를 통일성 있게 운영할 수 있습니다. 우선 다음과 같은 썸네일을 똑같이 만들어 보도록 할까요?

❶ 배경화면 사이즈에서 블로그 썸네일(1:1)을 선택합니다.

❷ 원하는 배경색을 넣습니다. 배경색 선택이 어렵다면 배색 사이트를 이용하세요(https://coolors.co/palettes/trending). 여기서는 배색 사이트를 이용해보기로 합니다.

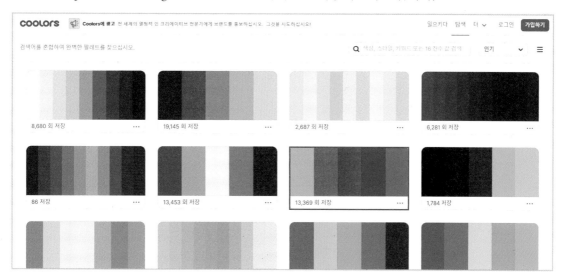

❸ 배색 사이트에서 마음에 드는 색을 찾아 클릭하여 복사합니다.

❹ 배경색을 클릭해서 배경색을 넣습니다.

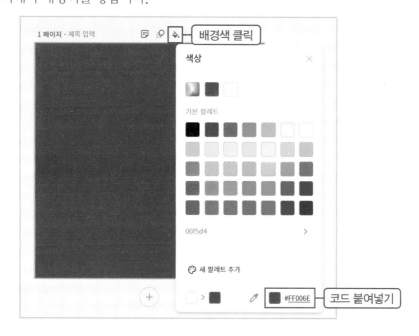

❺ [요소]-[도형]-[기본도형]에서 정사각형을 넣어줍니다.

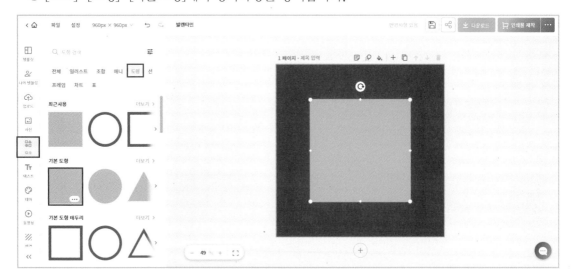

❻ 정사각형을 클릭하여 도형의 색을 변경해줍니다.

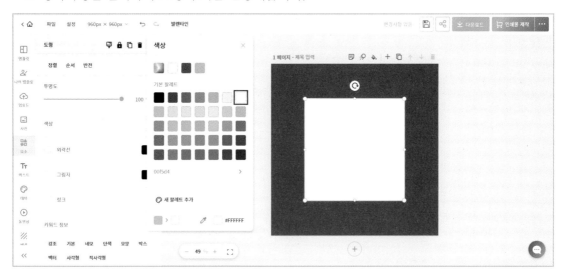

❼ 정사각형을 드래그하여 크기를 맞춰줍니다.

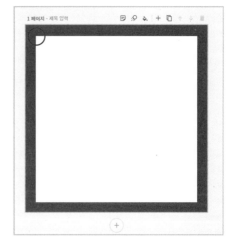

❽ [요소]-[기본도형]에 원을 선택하여 넣어줍니다.

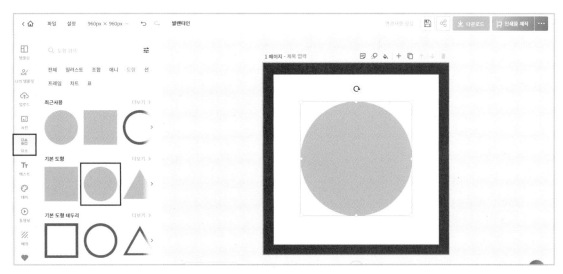

❾ 마우스를 드래그하여 타원으로 만들어주고 타원의
크기를 조절합니다.

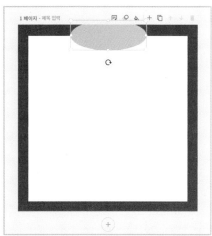

❿ [설정]-[가이드선]을 선택합니다.

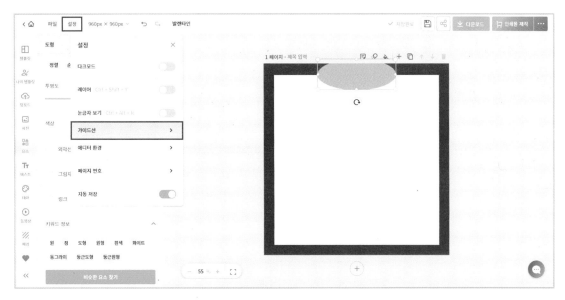

❶❶ [가이드선 보기]를 활성화 한 후 [가로 가이드선]과 [세로 가이드선]을 추가하고 타원이 썸네일의 중심에 올 수 있도록 조정합니다.

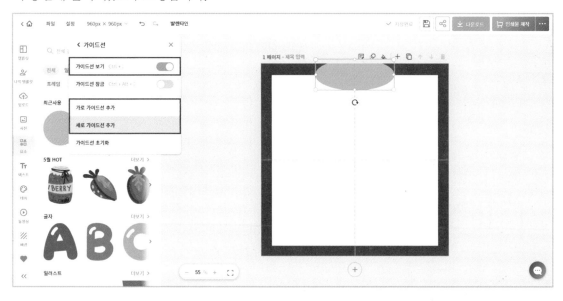

❶❷ 색상을 클릭한 뒤 타원이 배경색과 같은 색이 되도록 설정합니다.

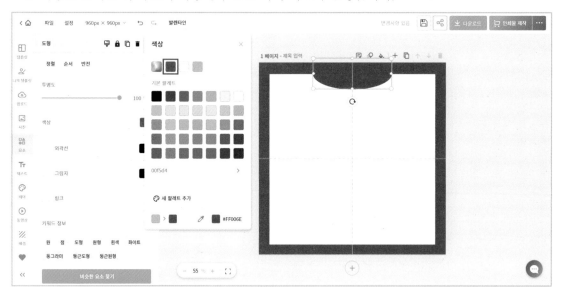

⓭ 다른 요소를 넣기 위해 빈 곳을 클릭하면 요소 메뉴가 나타납니다.

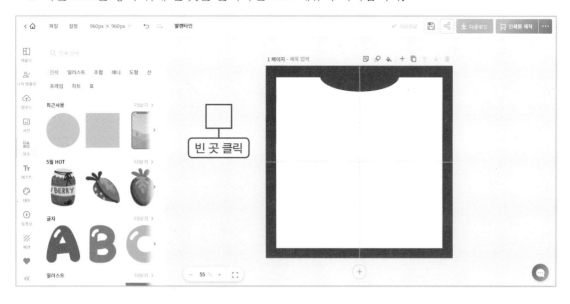

⓮ [요소]-[프레임]에서 마음에 드는 프레임을 선택한 후 크기를 조정하여 넣어줍니다.

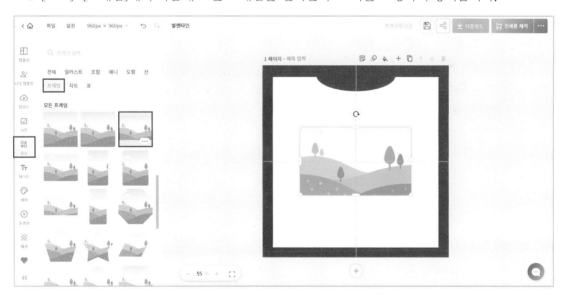

⑮ 가이드선을 비활성화 하고 [사진]에서 원하는 사진을 검색합니다. 필터 기능을 이용하여 '분홍색', '가로형'을 필터 적용하여 사진을 찾아봅니다.

⑯ 원하는 사진을 찾으면 사진을 선택하여 프레임에 드래그 합니다.

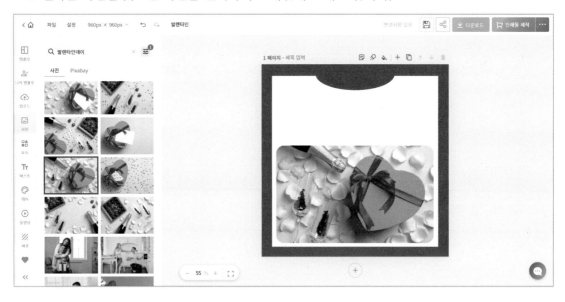

⓱ [텍스트]–[제목 텍스트]를 클릭합니다.

⓲ 원하는 위치에 텍스트 상자를 이동합니다.

⑲ 제목을 변경하고 가운데 정렬을 합니다.

⑳ 글꼴이나 글자색을 변경하고자 하는 부분을 드래그한 후 변경합니다.

㉑ 작은 글씨를 넣고 싶을 때는 본문 텍스트를 클릭합니다.

㉒ 내용을 변경하고 글자색을 변경합니다.

❷❸ 썸네일을 만들 때 서명을 넣어주는 것이 좋습니다. [텍스트]-[특수문자]-[원문자]에서 알파벳 소문자 c를 선택하여 넣어줍니다. 또는 키보드의 [ㅇ] 키를 누르고 한자키를 누르면 원에 들어간 알파벳 글자를 선택하여 넣을 수 있습니다.

❷❹ 썸네일이 완성되었습니다. 이와 같이 썸네일을 만들어놓고 사진과 내용만 변경하여 블로그 썸네일을 통일시켜 사용하면 편리합니다.

2. 유튜브 썸네일 이미지 만들기

유튜브는 이제 모든 연령층에서 가장 많이 보는 앱 중에 하나로 자리 잡았습니다. 유튜브를 보는 것만이 아닌 직접 만들어 보는 것은 어떨까요? 요즘은 간단히 휴대폰만 있으면 유튜브를 시작할 수 있는 시대입니다. 저도 작년에 유튜브를 시작하여 꾸준히 영상을 올리고 있습니다. 유튜브에서 가장 중요한 것은 시선을 끄는 썸네일입니다. 저의 썸네일을 따라 만들어 보겠습니다.

TIP 유튜브 썸네일을 위해서는 배경이 없는 사진이 필요합니다. 배경 지우는 방법은 27쪽 'STEP 1-5. 필요한 이미지를 자유자재로 쓰는 법'에 나와 있습니다.

❶ 배경화면을 유튜브 썸네일 사이즈로 선택합니다.

❷ 템플릿에서 마음에 드는 템플릿을 고릅니다. 여기에서는 취업에 관련된 키워드로 검색하여 템플릿을 선택했습니다.

❸ 사진을 지우고 [배경색상] 버튼을 눌러 배경의 색을 하얀색으로 바꿉니다.

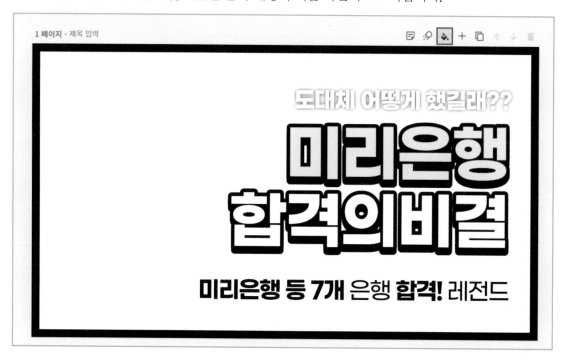

❹ 텍스트의 내용을 변경합니다.

❺ 액자의 색을 원하는 색으로 변경할 수 있습니다.

❻ [업로드]-[내 파일 업로드]를 클릭합니다.

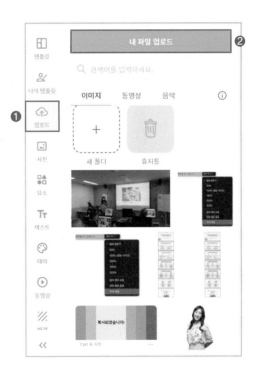

❼ 미리캔버스에 올리고 싶은 사진을 선택합니다.

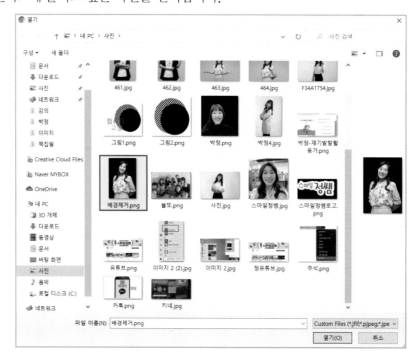

❽ 사진 크기 조절하기 : 사진을 넣고 크기를 조절합니다.

❾ 그림자 넣기 : 그림자를 체크하고 방향, 투명도, 거리 등을 조절해서 사진에 입체감을 줍니다.

❿ 그라데이션 마스크 넣기 : 그라데이션 마스크란 사진이 자연스럽게 그라데이션 효과처럼 들어가는 효과를 말합니다. 인물의 경우 가장 마지막에 있는 선분을 선택하면 자연스럽습니다. 방향과 범위 조절바를 이용하여 그라데이션의 정도를 조절합니다.

⓫ 레이어 순서 정하기 : 사진을 맨 뒤로 보내고 싶다면 [순서]−[맨 뒤로]를 클릭합니다.

⓬ 이미지 파일로 저장하기 : 미리캔버스에서 썸네일을 만든 후 제목을 꼭 적어주세요. 자신이 만든 템플릿을 검색할 때 유용하게 사용됩니다. [저장] 버튼을 누르면 '저장완료' 메시지가 생깁니다.

⓭ [다운로드]를 누르고 PNG를 선택한 후 [빠른 다운로드]를 누릅니다.

⓮ PC의 다운로드 폴더에서 다운받은 유튜브 썸네일을 확인할 수 있습니다.

3. 자꾸 공유하고 싶은 카드뉴스 만들기

카드뉴스는 주요 이슈나 뉴스를 이미지와 간략한 텍스트로 재구성해 보여주는 새로운 개념의 뉴스 포맷입니다. 순차적으로 넘겨볼 수 있어 모바일 및 소셜 네트워크 서비스(SNS) 환경에서 일반 기사뉴스보다 가독성 및 전파력이 높고 확산성이 뛰어난 것으로 평가받고 있습니다. 근래에는 이슈나 뉴스 외에도 마케팅에 카드뉴스를 적극적으로 사용하는 추세입니다. 카드뉴스는 시선을 사로잡는 이미지와 더불어 정보가 되는 내용으로 만드는 것이 중요합니다.

카드뉴스 기획하기

카드뉴스는 내용이 중요하기 때문에 미리 어떤 내용으로 만들지 기획을 한 후 만드는 것이 좋습니다. 제목을 미리 정해 적어둡니다. 또 첫 번째 장, 두 번째 장, 세 번째 장에 차례로 넣어야 할 내용을 미리 적어봅니다.

여기에서는 파워포인트 자가진단 TEST 카드뉴스에 관한 내용을 만들어 보도록 하겠습니다.

❶ 배경화면 사이즈에서 [카드뉴스]를 선택합니다.

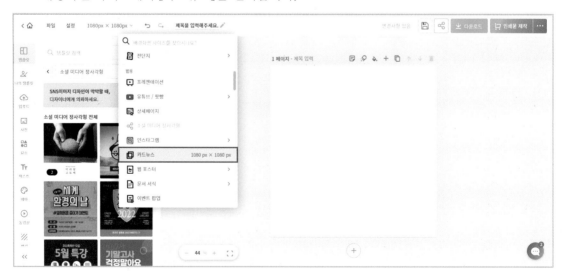

❷ 템플릿을 카드뉴스로 선택한 다음 카드뉴스 템플릿을 선택합니다. 선택이 어려울 경우 예제와 같이 무지 템플릿을 선택해도 좋습니다.

❸ 미리캔버스의 테마 메뉴를 통해 쉽게 전체 페이지의 색을 변경할 수 있습니다.

❹ 같은 테마 안에서도 색 변경이 가능합니다. 셔플을 클릭 후 마음에 드는 색이 되면 [모든 페이지에 적용]을 누릅니다. 텍스트를 더블클릭하여 내용도 넣어줍니다.

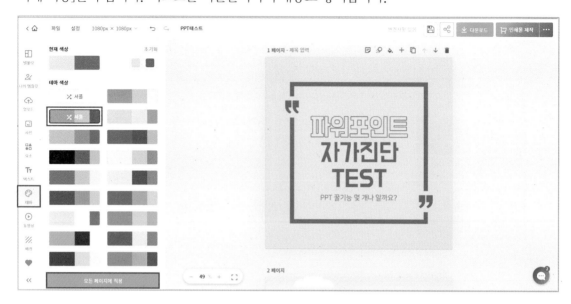

❺ 필요하지 않는 페이지는 지우고 필요한 페이지만 남겨놓고 내용을 입력합니다. 이미지 프레임도 지워주었습니다.

❻ 필요한 사진을 붙여넣기 한 후 입체감을 위해 사진에 그림자를 넣어줍니다.

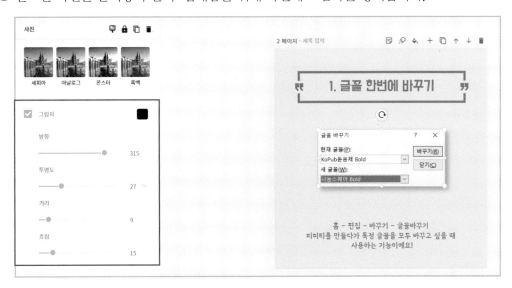

❼ 2페이지를 복사하여 같은 패턴으로 나머지 페이지를 만들어줍니다.

❽ 완성한 카드뉴스를 [다운로드] 버튼을 눌러 [빠른 다운로드]합니다.

❾ 카드뉴스는 8페이지이기 때문에 이렇게 압축파일의 형태로 저장이 됩니다. 각각의 이미지 형태로 보기 위해서는 압축풀기를 해야 합니다.

❿ 압축파일에서 마우스 우클릭을 하여 압축풀기를 합니다.

⓫ 압축을 풀면 다음과 같이 8장의 이미지가 나타납니다. 페이스북이나 인스타그램에 완성된 카드뉴스를 업로드 합니다.

4. 신뢰감 팍팍 올라가는 상품 상세페이지 만들기

요즘 N잡러의 시대라고 할 만큼 부업으로 스마트스토어를 운영하는 분들이 많아지고 있습니다. 쇼핑몰을 오픈하면 가장 중요한 것 중에 하나가 바로 상세페이지입니다. 상세페이지 디자인에 따라 매출도 차이가 크다는 사실 알고 계셨나요? 이제 미리캔버스로 상세페이지를 업그레이드 해보세요. 상세페이지는 레이아웃만 잘 구성이 되면 레이아웃에 맞추어 이미지만 바꾸어 계속 사용할 수 있습니다.

❶ 배경화면 사이즈에서 [상세페이지]를 선택합니다.

❷ 자신의 상품 주제와 비슷한 템플릿을 선택합니다.

❸ 상품 이미지를 템플릿에 맞추어 변경합니다. 레이아웃을 변경해도 좋지만 어렵게 느껴진다면 레이아웃에 따라 이미지와 내용만 변경해도 어느 정도 품질이 가능합니다.

❹ 완성된 상세페이지를 다운로드합니다. 한 장으로 이어진 상세페이지가 필요한 경우 '한 장의 이미지로 합치기'를 체크한 후 다운로드합니다.

5. 나도 1인 브랜드! 로고 만들기

브랜드의 이미지를 나타내는 로고는 정말 중요합니다. 미리캔버스에서는 샘플 예제를 참고하여 로고를 쉽고 멋지게 만들 수 있습니다. 상업적으로 이용은 가능하지만 미리캔버스에서 만든 로고는 상표권 등록은 안 됩니다. 상업적으로만 이용할 수 있다는 점 기억해 주세요! 미리캔버스의 로고는 심볼형, 텍스트형, 라벨형 등 정말 다양한 형식의 템플릿이 있습니다.

❶ 배경화면 사이즈에서 [로고/프로필]을 선택합니다.

❷ 템플릿 검색에서 자신의 상품과 관련된 키워드를 입력합니다. 저는 컴퓨터교육을 하는 사람이기에 '교육'을 검색했습니다. 건강관련 제품을 판매하는 사람은 '건강'을 스마트스토어에서 음식을 판매하는 사람은 '음식'을 검색하세요.

❸ 기본 글자 부분을 더블클릭하면 글자를 수정할 수 있습니다.

❹ 필요한 요소를 검색해서 넣어줍니다. 이 때 요소의 색도 변경해줍니다.

❺ 글자에 원모양을 따라 곡선을 넣어주겠습니다. 텍스트를 선택하고 곡선을 체크합니다. 처음에는 곡선의 모양이 이상해도 걱정하지 마세요.

❻ 클릭하여 '바깥쪽쓰기'를 '안쪽쓰기'로 변경합니다.

❼ [가운데 정렬]을 누릅니다.

❽ 원의 크기와 위치, 글씨 크기를 조절하여 로고를 완성하였습니다.

❾ 로고를 저장할 때 꼭 기억해야 할 것은 배경이 있는 로고, 배경이 없는 로고 2가지를 저장해두면 편리하다는 것입니다. 배경이 없는 로고를 다운 받기 위해서는 '투명한 배경'에 체크를 하여 저장합니다.

⑩ 배경 없는 로고가 완성되었습니다. 이와 같은 로고는 배경이 없기 때문에 포스터나 사진 위에 자유롭게 올려서 사용할 수 있습니다.

6. 매출을 올리는 온라인 배너 만들기

온라인 배너는 우리가 인터넷을 하며 가장 많이 보는 홍보물입니다. 블로그 글을 보거나 무료 앱을 사용할 때도 수많은 배너를 만나고 있습니다. 고객은 웹 서핑 중에 온라인 배너를 우연히 발견하게 될 경우가 많기 때문에 짧은 시간에 눈에 띄게 하는 것이 중요합니다. 미리캔버스의 예제 템플릿을 참고하여 온라인 배너를 만들어 보겠습니다.

❶ 배경화면 사이즈에서 [웹 배너] – [가로형]을 선택합니다.

❷ 웹 배너 가로형 템플릿에서 마음에 드는 템플릿을 고릅니다.

❸ 텍스트를 변경하고 글자수에 따라 텍스트 폰트의 크기도 조절합니다.

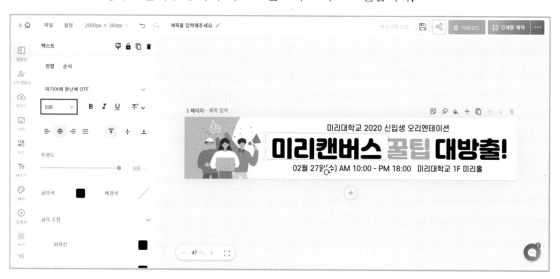

❹ 나머지 텍스트도 변경합니다. 필요 없는 요소가 있다면 지워줍니다.

❺ 기존에 있던 이미지를 지우고 요소에 들어가 노트북을 검색했습니다. 마음에 드는 이미지를 클릭하여 넣어줍니다. 배너에서는 너무 많은 색을 사용하는 것보다 최소한의 색으로 메시지를 전하는 것이 좋습니다.

❻ 제목을 적고 [저장] 버튼을 누른 다음 다운로드를 합니다.

❼ 배너가 완성되었습니다.

7. 웹 & 인쇄 포스터 만들기

이제 휴대폰만 열면 어디서든 쉽게 웹 포스터를 만날 수 있습니다. 텍스트로만 만들어진 설명보다는 이미지로 이루어지면 보다 눈에 띄고 내용 전달이 쉽습니다. 눈길을 끌고 효과적으로 메시지를 전달하는 웹 & 인쇄 포스터를 만들어 보도록 하겠습니다.

❶ 인쇄도 가능한 포스터를 만들어 보겠습니다. 배경화면 사이즈에서 [인쇄용] - [포스터]를 선택합니다.

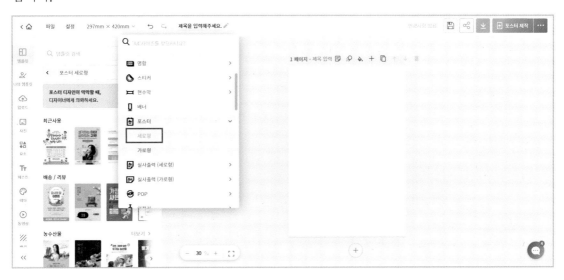

❷ 마음에 드는 템플릿을 선택합니다.

❸ 페이지를 추가하여 마음에 드는 템플릿을 추가합니다. 이 두 가지 템플릿에서 필요한 것을 조합하여 포스터를 만들어 보도록 하겠습니다.

❹ '송년의 밤' 템플릿에서 요소와 제목을 복사해서 '우리아이' 템플릿에 붙여 넣고 제목을 변경하였습니다.

❺ 표의 셀 안을 더블클릭하면 표를 편집할 수 있습니다. 행을 하나 더 추가하기 위해 [행 추가] 버튼을 누릅니다.

❻ 행을 추가하여 내용을 넣고 글 색깔을 변경합니다.

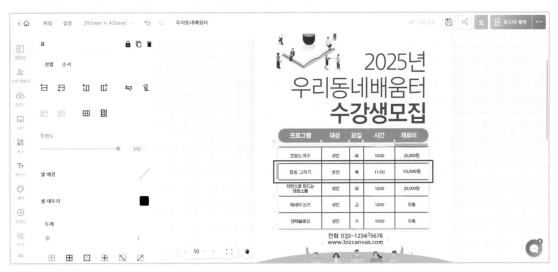

❼ 셀 배경을 자신이 원하는 대로 변경할 수 있습니다. 여기에서는 흰 색으로 변경했습니다.

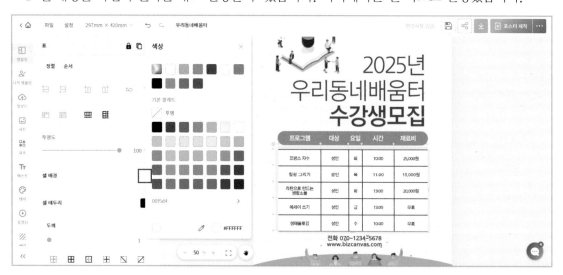

❽ [저장] 버튼을 누르고 다운로드를 합니다.

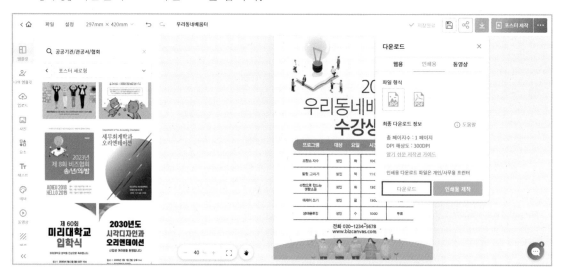

❾ 포스터가 완성되었습니다.

8. 온라인 수업 영상 만들기

이제 온라인 수업은 우리 모두에게 너무나 익숙해졌습니다. 온라인 수업을 제작할 때 선생님들께 가장 큰 도움이 된 것이 바로 미리캔버스였습니다. 미리캔버스 템플릿과 클로바 더빙을 이용하면 온라인 수업을 쉽고 빠르게 만들 수 있습니다. 함께 만들어 볼까요?

❶ 미리캔버스에서 [새문서 만들기]를 누른 후 문서의 크기를 [프레젠테이션]으로 선택합니다. 프레젠테이션의 해상도는 1920×1080px 인데요. 유튜브에 올릴 영상이라면 그대로 사용하시고 학교 온라인강의의 경우 720×480px로도 많이 만듭니다.

❷ 템플릿에서 '교육'을 검색합니다. 여기에서는 예제로 '온라인 수업 예절 안내' 템플릿을 선택했습니다.

❸ 완성한 프레젠테이션을 PDF로 저장하고 고해상도로 다운로드합니다.

❹ 포털에서 클로바 더빙을 검색하여 사이트에 접속한 후 새 프로젝트를 생성합니다.

❺ [PDF 추가] 버튼을 눌러 미리캔버스에서 만든 교육 자료를 업로드 합니다.

❻ 이번에는 더빙에 사용할 보이스를 선택하겠습니다. [보이스 설정]을 클릭합니다.

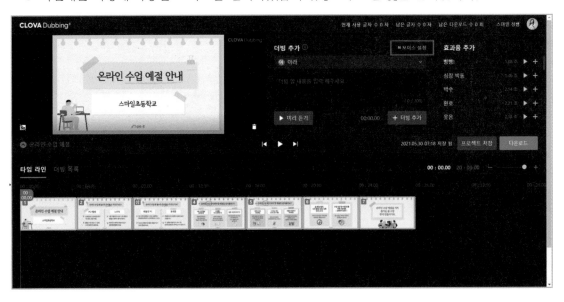

❼ 클로바 더빙은 계속 새로운 보이스가 업데이트 되고 있습니다. 미리듣기로 보이스를 들어본 뒤 마음에 드는 목소리 앞의 별 표시를 클릭하여 즐겨찾기에 추가합니다.

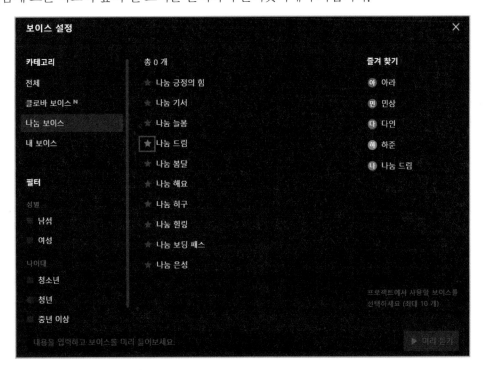

❽ 더빙할 내용을 적고 미리 듣기로 들어보면서 자연스럽게 더빙을 다듬은 후 [더빙 추가]를 클릭합니다. 그러면 타임라인에 더빙이 들어갑니다.

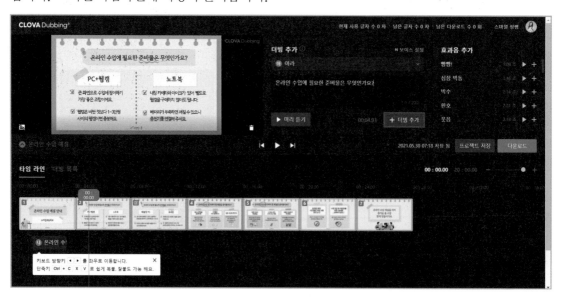

❾ 타임라인에서 슬라이드의 오른쪽을 드래그해서 더빙 길이에 맞게 슬라이드 재생 길이를 조절할 수 있습니다. 또 타임라인에서 슬라이드를 삭제하거나 순서를 조정할 수도 있습니다.

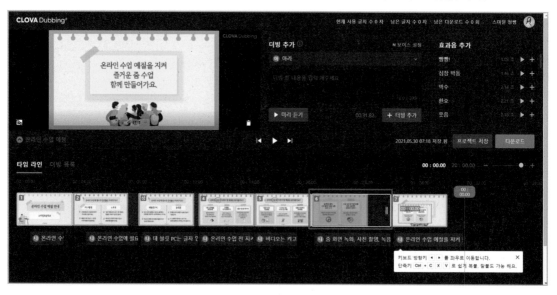

⑩ 모든 작업을 마쳤다면 [다운로드]를 누르고 영상 파일을 선택합니다.

⑪ 다운로드 폴더에서 동영상을 확인할 수 있습니다.

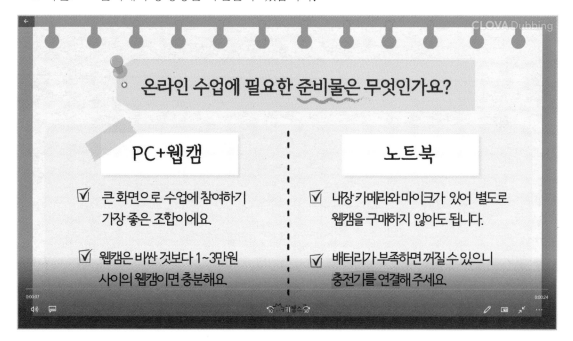

9. 카카오톡 명언 이미지 만들기

카카오톡에서 마음을 울리는 이미지 선물을 받아본 적 있으신가요? 글로 전하는 것보다 감성을 자극하는 이미지는 더 마음에 와 닿습니다. 이번에는 카카오톡 이미지에 명언을 담아 미리캔버스에서 만들어보는 방법을 알아보겠습니다.

❶ 배경화면 사이즈에서 [카카오친구톡] 정사각형을 선택합니다.

❷ [배경] 메뉴에 들어가서 [사진] 배경을 선택합니다.

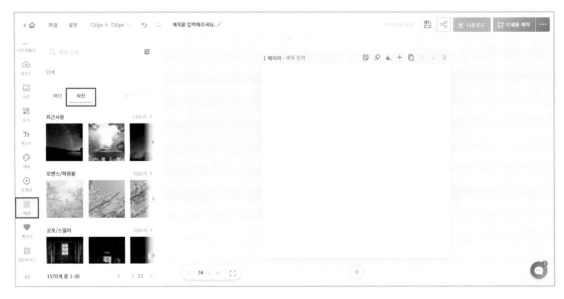

❸ [하늘] 카테고리로 간 후 [더보기]를 클릭합니다.

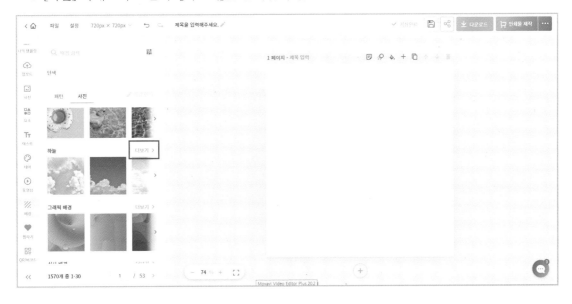

❹ 마음에 드는 하늘 배경을 선택 후 배경 편집에 들어갑니다.

❺ 사진의 테두리 부분이 어두워지는 비네트 필터를 적용해보겠습니다. 배경 편집에 들어간 후 [직접 조정]에 들어갑니다.

❻ 비네트의 값을 70으로 조정합니다.

❼ 이제 명언을 넣어보도록 하겠습니다. 텍스트 메뉴를 클릭합니다.

❽ [조합]에서 다음 페이지로 이동하여 명언 텍스트를 선택합니다.

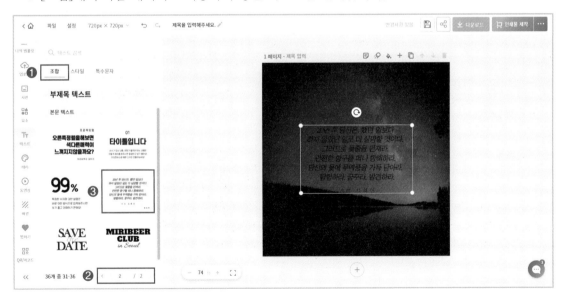

❾ 텍스트의 색을 변경해줍니다.

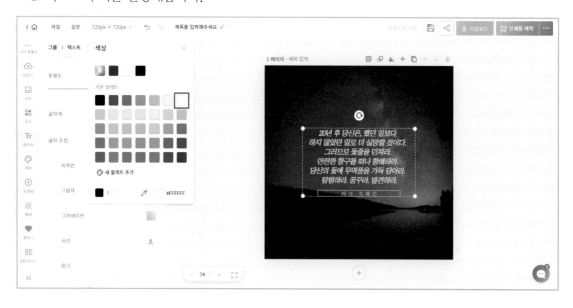

❿ 자신의 닉네임을 추가하고 싶으면 [본문 텍스트]를 클릭합니다.

⑪ 추가한 본문 텍스트의 색을 흰색으로 변경해줍니다.

⑫ 드래그하여 원하는 위치로 이동합니다.

❸ 키보드의 'ㅇ'를 누르고 한자를 누르면 원문자가 나타납니다. 그 중 ⓒ를 선택한 후 자신의 닉네임 또는 브랜드 이름을 넣습니다.

❹ 텍스트 상자의 크기를 조절하고 텍스트에 투명도를 줍니다.

⓯ 제목을 입력한 후 다운로드 키를 눌러 이미지를 저장합니다.

⓰ 다운로드 폴더에 이미지가 저장되었습니다. PC버전 카카오톡으로 드래그하여 단톡방에 전송합니다.

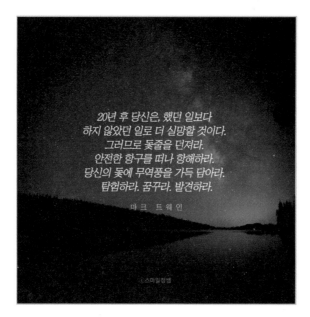

10. N잡러 필수 명함 만들기

요즘은 선택한 직업이 평생 이어지지 않는 경우가 대다수입니다. 또 많은 직장인들이 회사를 다니면서도 퇴근 후에는 자신이 관심 있는 분야에서 부수입을 내는 경우도 많습니다. 그래서 N잡러라는 용어가 정말 익숙해졌지요. 자신이 현재 하고 있는 일뿐 아니라 앞으로 가지고 싶은 명함을 만들어보는 것도 좋습니다. 지금부터 나만의 명함을 만들어 볼까요?

❶ 먼저 배경 사이즈에서 [명함]-[가로형]을 선택하겠습니다. 요즘 세로형 명함도 많이 사용하고 있는데 취향에 따라 결정하시면 됩니다.

❷ 자신이 명함을 만들고 싶어 하는 키워드를 검색합니다. 여기에서는 'IT'로 검색했습니다.

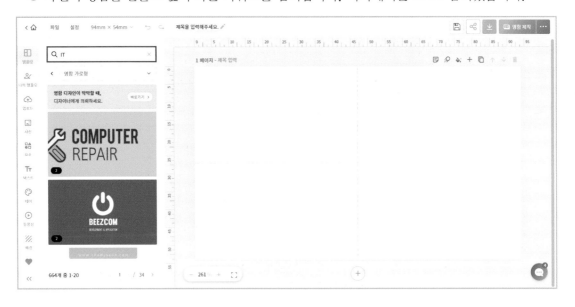

❸ 마음에 드는 명함 템플릿을 선택합니다. 여기서는 세 번째 페이지에 있는 명함 템플릿을 선택했습니다.

❹ 템플릿에 있는 필요 없는 이미지를 선택해서 지웁니다.

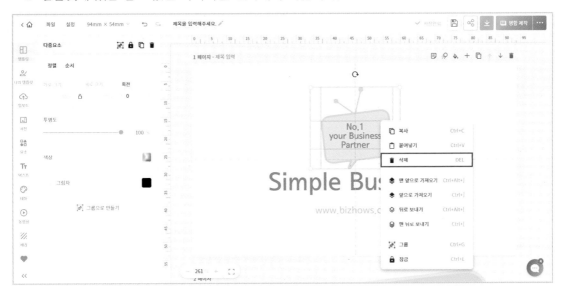

❺ [요소]에서 넣고 싶은 이미지를 검색해서 넣습니다.

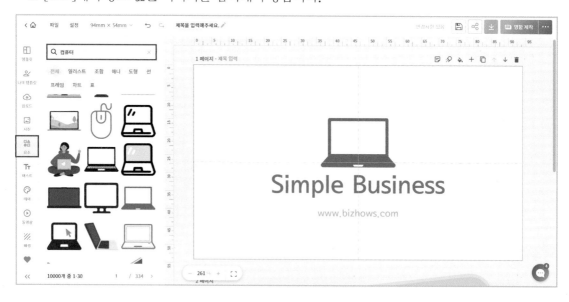

❻ 이미지가 중앙에 잘 놓여있는지 확인하려면 설정에 가이드선을 활성화 시켜주면 됩니다.

[가이드선을 비활성화 했을 때]

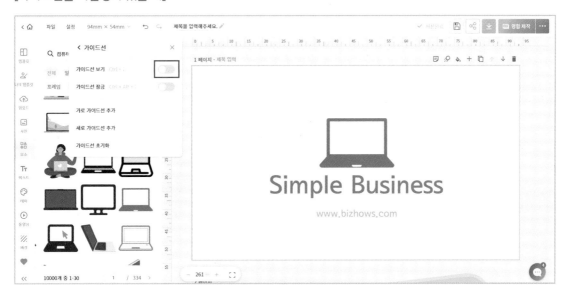

[가이드선을 활성했을 때]

❼ 요소를 선택하여 컬러를 변경합니다.

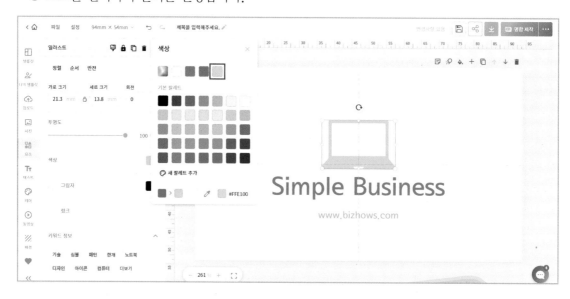

❽ 또 다른 요소를 검색하여 추가합니다. 저는 '스마일'을 검색해서 추가했습니다.

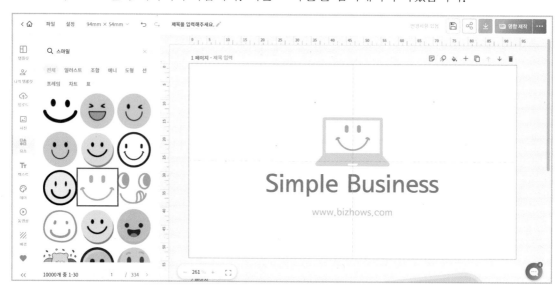

❾ 추가한 요소의 색도 변경합니다.

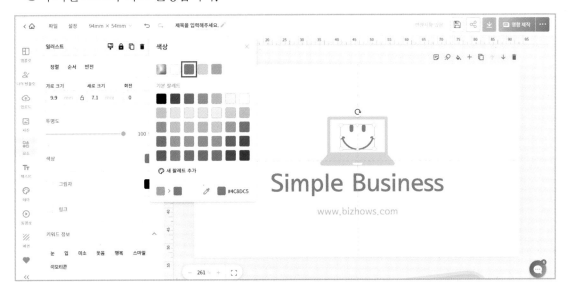

❿ 텍스트를 클릭하여 내용을 변경합니다.

⓫ 뒷면이 되는 2페이지도 내용을 변경해줍니다. 명함의 글씨는 6포인트 이하로 내려가면 글씨가 잘 안보일 수 있으므로 6포인트 이상으로 설정해줍니다.

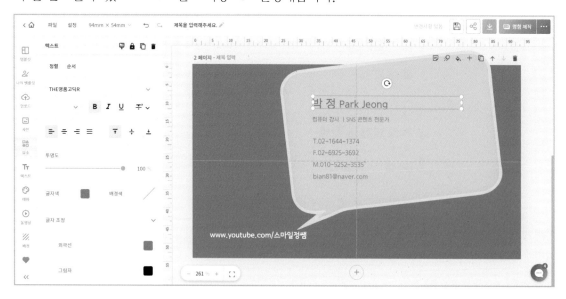

⓬ 제목을 넣고 저장을 합니다. [명함 제작] 버튼을 누르면 이와 같은 디자인으로 명함 제작을 할 수 있는 페이지로 연결됩니다.

⑬ 명함의 경우 웹용, 인쇄용으로 선택하여 다운로드 가능합니다.

⑭ 위와 같이 2페이지 이상의 작업을 미리캔버스에서 다운 받으면 압축된 파일로 다운이 받아집니다. 이때 마우스 우클릭을 한 후 압축 풀기를 한 뒤 각각의 이미지를 확인할 수 있습니다.

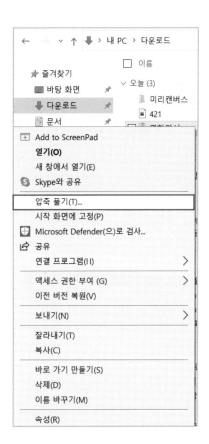

⑮ 명함이 완성되었습니다.

11. 움직이는 썸네일 만들기

수많은 썸네일 중에서 자신의 콘텐츠를 눈에 띄게 하는 방법 중 가장 좋은 방법은 바로 움직이는 썸네일을 만드는 것입니다. 미리캔버스를 이용하면 간단한 방법으로 움직이는 썸네일을 만들 수 있습니다. 미리캔버스에서 움직이는 썸네일은 애니메이션 효과 활용, 움직이는 요소 활용 두 가지가 있습니다. 그럼 지금 함께 만들어 보겠습니다.

애니메이션 효과 활용

❶ 배경화면 사이즈에서 [소셜 미디어 정사각형]을 선택합니다.

❷ 자신이 만들고자 하는 주제의 썸네일을 템플릿에서 검색합니다. 미리캔버스에서 애니메이션은 원하는 요소에만 넣는 것이 아니라 페이지 전체에 적용되기 때문에 감성적인 느낌의 템플릿과도 잘 어울립니다. 여기서는 '로맨스'를 검색해보겠습니다.

❸ 마음에 드는 템플릿을 선택합니다.

❹ 제목을 변경합니다.

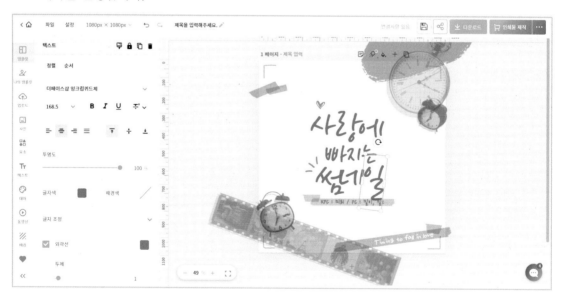

❺ 필요 없는 요소를 마우스로 선택하여 [Delete] 키를 눌러 삭제합니다.

❻ 템플릿에 사용된 요소와 비슷한 요소를 찾고 싶을 때 도형을 선택한 후 [비슷한 요소 찾기]를 클릭합니다.

❼ 선택한 도형과 비슷한 도형들이 검색됩니다.

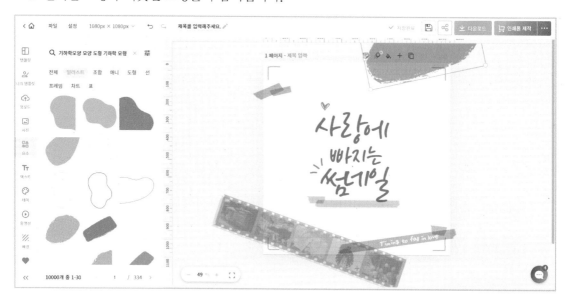

❽ 원하는 도형을 넣고 위치를 조절합니다.

❾ 추가로 넣은 도형의 투명도를 조절합니다. 도형이나 그림의 투명도를 조절하면 감성적인 느낌의 썸네일을 만들 수 있습니다.

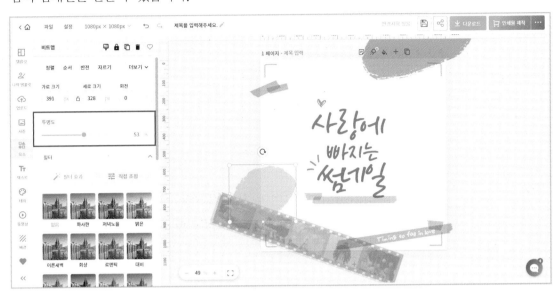

❿ 세부 텍스트의 내용도 변경합니다.

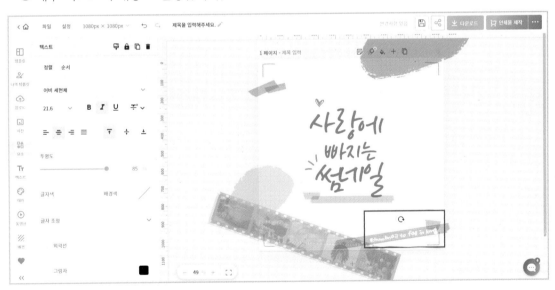

⓫ 페이지 위의 [애니메이션 효과]를 클릭하여 전환 애니메이션을 적용합니다.

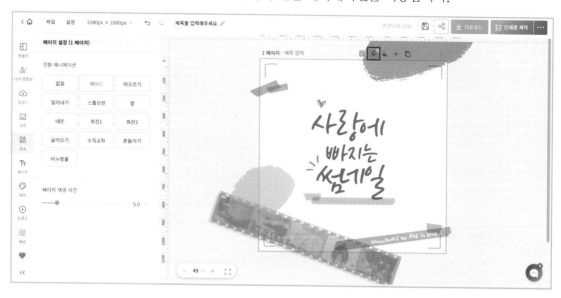

⓬ 제목을 넣고 저장을 누릅니다. 제목을 넣으면 후에 썸네일을 내 워크스페이스에서 검색할 때 편리하기 때문에 꼭 적어주세요.

❸ [다운로드] 버튼을 누르고 동영상 카테고리에 들어갑니다. 인스타그램에 올릴 때는 MP4, 블로그에 올릴 때는 GIF 파일로 저장해주세요. 여기서는 MP4로 다운로드 하겠습니다.

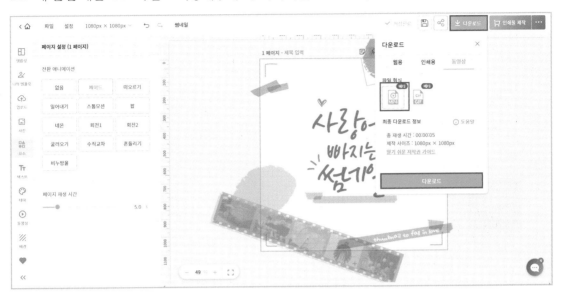

❹ 동영상이 완성되었습니다.

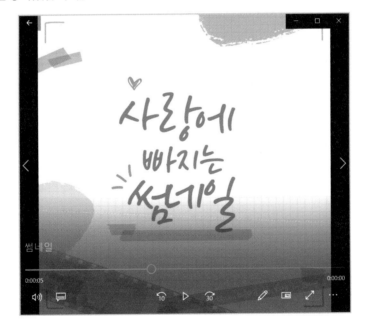

움직이는 요소 활용

❶ 배경화면 사이즈에서 [소셜 미디어 정사각형]을 선택합니다.

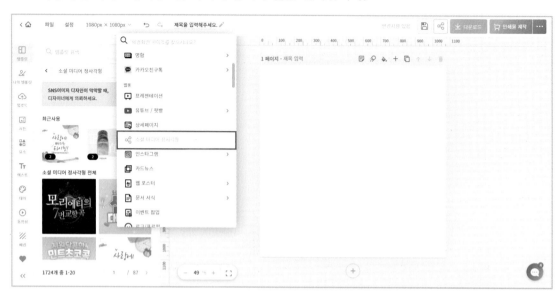

❷ 교육에 관한 썸네일을 만들어보도록 하겠습니다. '교육'을 검색하여 마음에 드는 템플릿을 선택합니다.

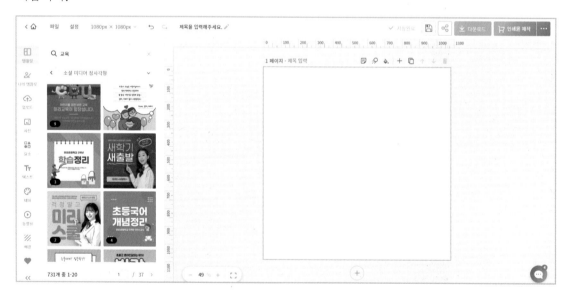

❸ 움직이는 애니메이션 요소를 넣기 위해 [요소] 메뉴를 클릭합니다.

❹ 요소에서 애니를 클릭하면 움직이는 요소들만 볼 수 있습니다. 그 중 [효과/이펙트]의 [더보기]를 클릭합니다.

❺ 템플릿과 어울리는 움직이는 요소를 선택합니다.

❻ 제목을 넣고 저장을 누릅니다.

❼ 다운로드를 눌러 [동영상] – [GIF] – [다운로드]를 차례로 누릅니다. GIF 파일은 움직이는 이미지입니다.

❽ 블로그에서 사진 메뉴를 클릭하여 완성된 움직이는 썸네일을 넣어줍니다.

12. 개성 뿜뿜 인스타그램 프로필 링크 만들기

하나의 프로필 링크만 등록할 수 있는 인스타그램 프로필 링크에 여러 링크를 다는 방법을 알려드리겠습니다. 게다가 디자인까지 귀여움 가득! 개성 만점이라면? 미리캔버스의 링크 삽입과 공유 기능을 이용하면 여러 사이트 링크가 가능한 프로필 링크를 만들 수 있습니다. 게다가 방문자 통계와 댓글 기능까지 있으니 바로 활용해보세요.

❶ 배경화면 사이즈에서 [인스타그램] – [스토리 게시물]을 선택합니다.

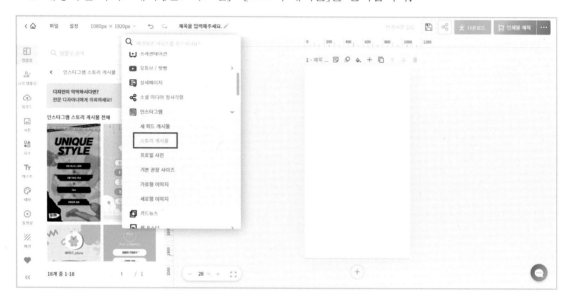

❷ 마음에 드는 템플릿을 선택합니다.

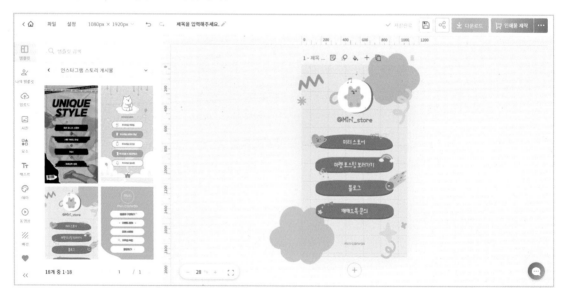

❸ 배경 메뉴를 선택하여 다른 배경으로 변경해보겠습니다.

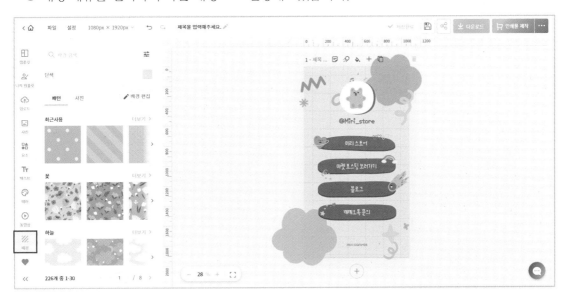

❹ 미리캔버스에서 원하는 색의 배경을 검색할 수 있습니다. 저는 노란색 배경을 찾아보겠습니다.

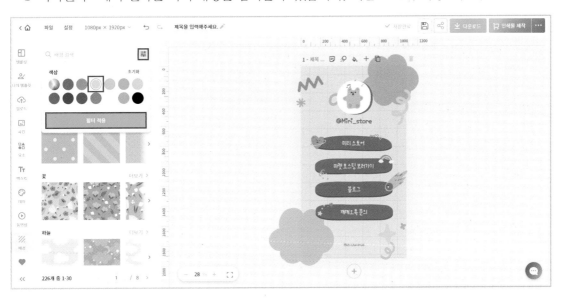

❺ 원하는 배경을 선택 후 [배경 편집]을 클릭합니다.

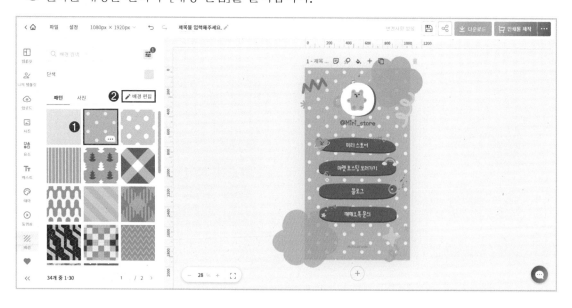

❻ 투명도와 패턴 크기를 조절합니다.

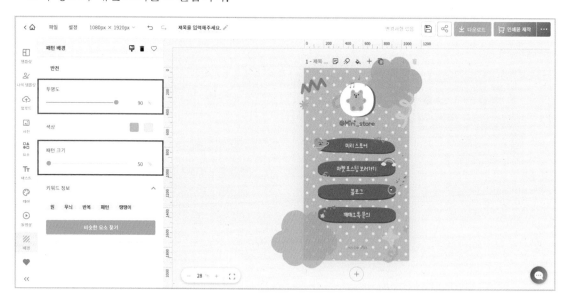

❼ 필요 없는 요소는 Delete 키를 눌러 삭제하고 [요소]에서 필요한 요소로 꾸며줍니다.

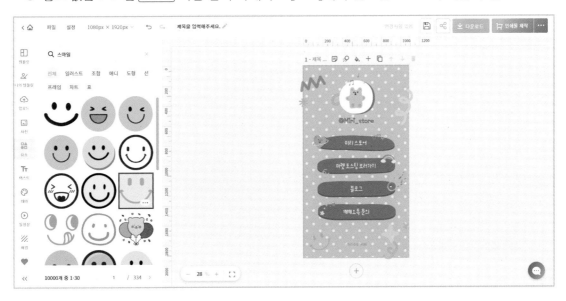

❽ 텍스트를 더블클릭하여 링크 페이지 제목을 넣어줍니다. 글꼴과 글자색도 변경할 수 있습니다.

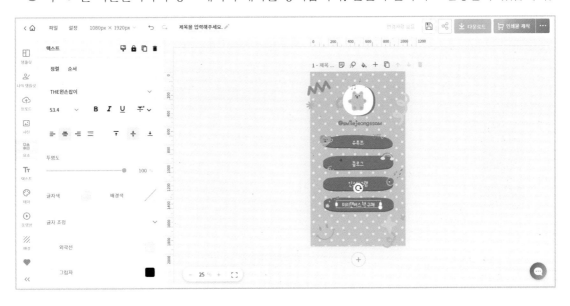

❾ 텍스트마다 연결하고 싶은 링크를 넣습니다. 링크 체크박스에 체크한 후 URL 링크를 복사하여 붙여 넣습니다. 나머지 텍스트에도 같은 방법으로 링크를 넣어줍니다.

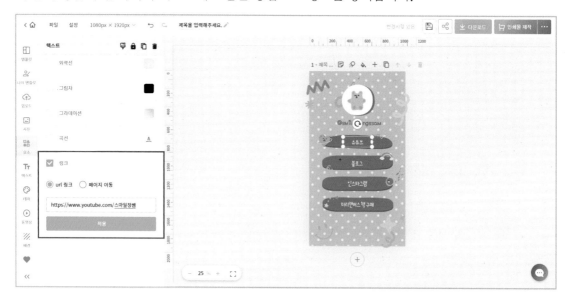

❿ 제목을 넣고 저장을 누릅니다.

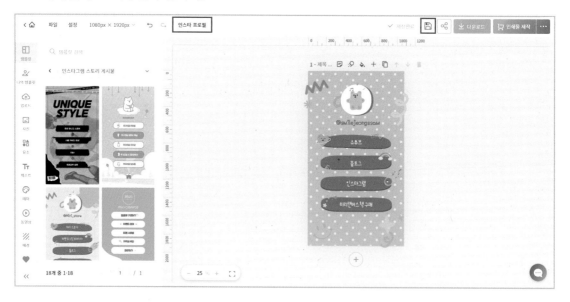

⓫ [공유] 버튼을 누르고 디자인 문서를 공개합니다. [URL 복사]를 누릅니다.

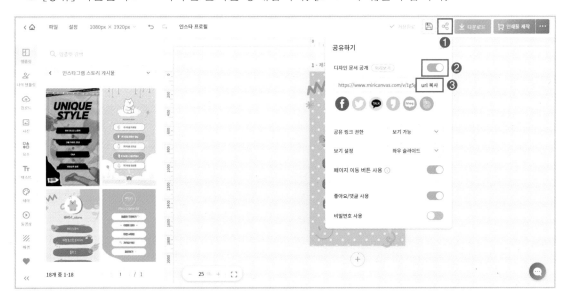

⓬ 자신의 인스타그램 프로필에 URL 주소를 붙여 넣습니다.

⑬ 프로필 링크를 누르면 미리캔버스에서 만든 페이지가 열리고 클릭하면 유튜브, 블로그, 인스타그램, 미리캔버스 책 구매 링크로 연결됩니다.

⑭ 미리캔버스 공유 뷰어는 페이지 연결뿐 아니라 몇 명이 보았는지도 확인할 수 있어 통계 자료로도 이용할 수 있습니다. 몇 명이 보았는지 확인하려면 프로필의 댓글을 클릭하면 됩니다. 공유 뷰어는 사용기간이 정해져 있지 않아 안심하고 계속 사용할 수 있습니다.

미리캔버스 저작권 확실히 알기

1. 반드시 알아야 할 미리캔버스 저작권

미리캔버스에서 제공하는 템플릿 및 디자인 요소(이미지, 폰트, 선, 도형 등)를 2개 이상 결합하여 만든 디자인은 비상업적인 용도와 상업적인 용도로 모두 사용 가능합니다. 온라인에서 사용할 수 있을 뿐만 아니라 출판물에도 사용하실 수 있습니다. 다만, 개별 디자인요소에 대한 저작권은 미리캔버스 혹은 타 저작권사가 가지고 있으므로, 자신이 미리캔버스에서 만든 디자인에 대해서는 독점적 사용권을 주장할 수 없는 점을 기억하셔야 합니다.

또한, 개별 요소에 대한 저작권사의 권리를 보호하고자 요소 1개를 다운로드(캡처 및 '다른 이름으로 저장'도 포함)하여 다른 문서작업에 붙이거나 사용하면 안 됩니다. 요소 1개의 경우는 공유, 배포, 판매를 금지하고 있는 점을 꼭 기억해주세요!

미리캔버스에서 만든 PPT 파일로 강의를 하거나 영상을 만들어 유튜브에 올리는 등 비상업적인 용도와 상업적인 용도 모두 사용 가능합니다. 그러나 도박, 향락 등 불건전 업종, 기타 건전 문화에 반하거나 사치, 투기 조장 등 우려가 있는 영상에는 사용할 수 없어요. 부적절하거나 불쾌감을 주는 콘텐츠에도 사용할 수 없습니다.

또 미리캔버스에서 만든 PPT를 다운 받아 PPT 작업시 자신의 디자인과 합쳐서 편집하는 것은 괜찮습니다. 그러나 개별 요소에 대한 저작권사의 권리 보호를 위해, 미리캔버스에서 만든 디자인을 '편집 가능한 템플릿 형태'로 배포, 공유, 판매하는 것은 금하고 있습니다. PPT 파일이 '편집 가능한 템플릿 형태'에 해당되기 때문에 미리캔버스에서 다운 받은 PPT 파일을 다른 사람에게 공유하면 안 됩니다.

미리캔버스에서 만든 프레젠테이션 디자인을 공유하려면 [공유]−[문서 복제] 기능을 이용하거나, PDF 파일로 다운로드 하세요.

이상의 내용을 간략하게 정리하면 다음과 같습니다.

❶ 미리캔버스로 만든 디자인은 상업적인 용도로 사용 가능합니다.

❷ 디자인 요소 1개만 캡쳐, 다운로드 하여 공유, 판매, 배포를 금지하고 있습니다.

❸ 부적절하고 불쾌감 주는 콘텐츠에서 사용할 수 없습니다.

❹ 미리캔버스에서 디자인 한 후 PPT로 다운 받아 편집하는 것은 괜찮습니다.

❺ 미리캔버스에서 만든 PPT를 PPT 파일로 공유하면 안 됩니다.